読みなおす日本史

弥勒信仰

もう一つの浄土信仰

速水侑

吉川弘文館

はしがき

弥勒菩薩、弥勒信仰ということばを聞くとき、現代人はなにを想うであろうか。広隆寺弥勒菩薩像の静謐な美しさであろうか。あるいは五十六億七千万歳という、われわれの時間観念を超越した悠久な未来観への驚きであろうか。

西方弥陀の浄土に押しせばめられて、弥勒の天国はしだいに高く遠のき、その幻はますますかすかになり、いまはそこに往生を願う人も絶えてまれである。しかし、かつて弥勒の信仰は、阿弥陀信仰とならぶもう一つの浄土信仰として日本人の心を深くとらえ、それはのちに現世の浄土であるミロクの世を求める信仰へと姿をかえながら、民衆の心の奥底に永く生き続けたのであった。

ところが、わが国の浄土教史研究では、阿弥陀信仰史の研究が盛んなのに比較して、弥勒信仰史の研究は寥々たるものである。おそらくその理由は、従来の浄土教史研究が、現在の教団・宗門から遡ってその源を探るという方向をとったため、現在有力な教団をもたぬ弥勒の信仰には研究者の関心が払われなかったためであろう、そのためともすれば、浄土教・浄土信仰といえば阿弥陀信仰であるという考え方が一般化してしまっている。しかし、阿弥陀信仰史の研究だけでは日本浄土教史の全体像を正しくつかむことはできないし、また阿弥陀信仰の発展を理解する上でも、常に阿弥陀信仰とならんで浄土信仰の一翼を形成していた弥勒信仰の歴史を明らかにすることは必要なのである。

この本で私は、インドに発生した弥勒信仰が中国を経て日本に伝来し、どのように展開したかを、法然・親鸞の中世浄土教確立に至るまでの間を中心にのべた。なお、本書では簡単にしかふれなかった近世近代の弥勒信仰については、最近刊行された宮田登氏の『ミロク信仰の研究』に詳しいから、合せておよみいただきたい。

従来、日本の弥勒信仰史に関するまとまった著書は乏しかったから、研究者の方々に今後多少とも参考になればと思い、史料の出典や引用論文名はつとめて記すようにしたので、一般読者はあるいは煩わしく思われるかもしれぬが、ご諒承いただきたい。また、この叢書の性格として、漢文体の史料は現代文に訳したし、諸先学の論文引用の際も、当用漢字・現代かなづかいに改めさせていただいた。記述にあたっては、従来の研究成果をできるだけひろくとり入れるようにしたが、私なりの仮説をのべたところも多く、諸先学のご高批を切望する次第である。

なお、本書の刊行は、笠原一男先生のお勧めと、津山三郎氏はじめ評論社の方々の尽力によるものであり、また、図版の一部は、久野健氏・中尾堯氏のご好意によった。ここに記して深甚の謝意を表する。

昭和四十六年一月

速　水　侑

目　次

Ⅰ　弥勒の救い

弥勒菩薩

弥勒信仰の歴史をのべる前に、弥勒菩薩とはどういう菩薩か、弥勒信仰を説く経典にどのようなものがあるか、弥勒の浄土とはどんなところか、といった点について簡単にふれておこう。

弥勒菩薩というのは、梵語のマーイトレーヤ、パーリ語のメッテーヤのことで、中国では、慈氏とか慈尊とか訳す。この菩薩は、釈迦の補処《ふしょ》（一生補処の略で、この一生をすぎればつぎは仏の位処を補うという意味）の菩薩ともいわれる。つまり、釈迦（現在仏）についで、つぎの代の仏となることがさだまっている菩薩ということで、いわゆる過去仏・現在仏に対して、当来仏とされる。弥勒は、現在は仏になろうと修行中の菩薩だが、このように、つぎの仏となることが確定しているから、特に弥勒仏（如来）とよばれ、如来形で造像される場合もあるのである。

伝えられるところによると、釈迦は菩薩であったころ、弥勒菩薩と一緒に修行していた。その機根（素質）からすれば、弥勒の方が釈迦より先に成仏するはずだったが、釈迦菩薩の修行は猛烈かつ真剣で、特に底沙仏の光明赫々たる相をみたときなどは、七昼夜の間、片足だけで立ってまばたきもしなかったので、普通は百劫《ごう》（一劫は、人寿八万四千歳から百年ごとに一歳を減じて十歳に至る間というが、異説もある。要するに無量年歳と考えてよい）を要する菩薩の修行期間を九十一劫ですませて成仏した。こうして釈迦が現在仏になったのに、弥勒は当来仏として、まだ修行をつづけているのだというのである（木村泰賢『小乗仏教思想論』）。

それでは、弥勒は現在どこにいるかといえば、この地上で死んだ後、仏教の世界観でいう天部の一つ兜率天《とそつてん》に昇り、そこで修行しつつ、もろもろの天衆のために説法している。かつては釈迦菩薩も、仏となる時期が訪れると、兜率天から白象と化して閻浮提《えんぶだい》（人間世界）に下生し、摩耶夫人に托胎した。そして弥勒の場合は、釈迦没後五十六億七千万歳で、兜率天の寿数がつきるとき、天からこの地上、われわれの住む閻浮提におりてきて（弥勒下生《みろくげしょう》）、バラモンの女、梵摩波提に托生する。やがて仏となった弥勒は、竜華（花）樹の下で、三度にわたって有縁の人々に説法を行なう（竜華三会《りゅうげさんね》）。われわれは不幸にして末法の世に生を受け、釈迦の説法を聞き、その化度にあずかることはできなかった。だからわれわれは、弥勒を信じ、修行し、善根を積んで、竜華三会の説法に参加し（三会値遇《さんねちぐ》）、救われねばならない。もとより三会の説法は、はるか未来で、われわれの生存中には期し難いから、さしあたって、われわれは死後、兜率天に昇り（兜率上生《とそつじょうしょう》）、弥勒の側で五十六億余年をすごし、いよいよ弥勒が下生する際に、弥勒にしたがって地上に還り、三会の中でも初会《しょえ》の説法を聞きたいものである。

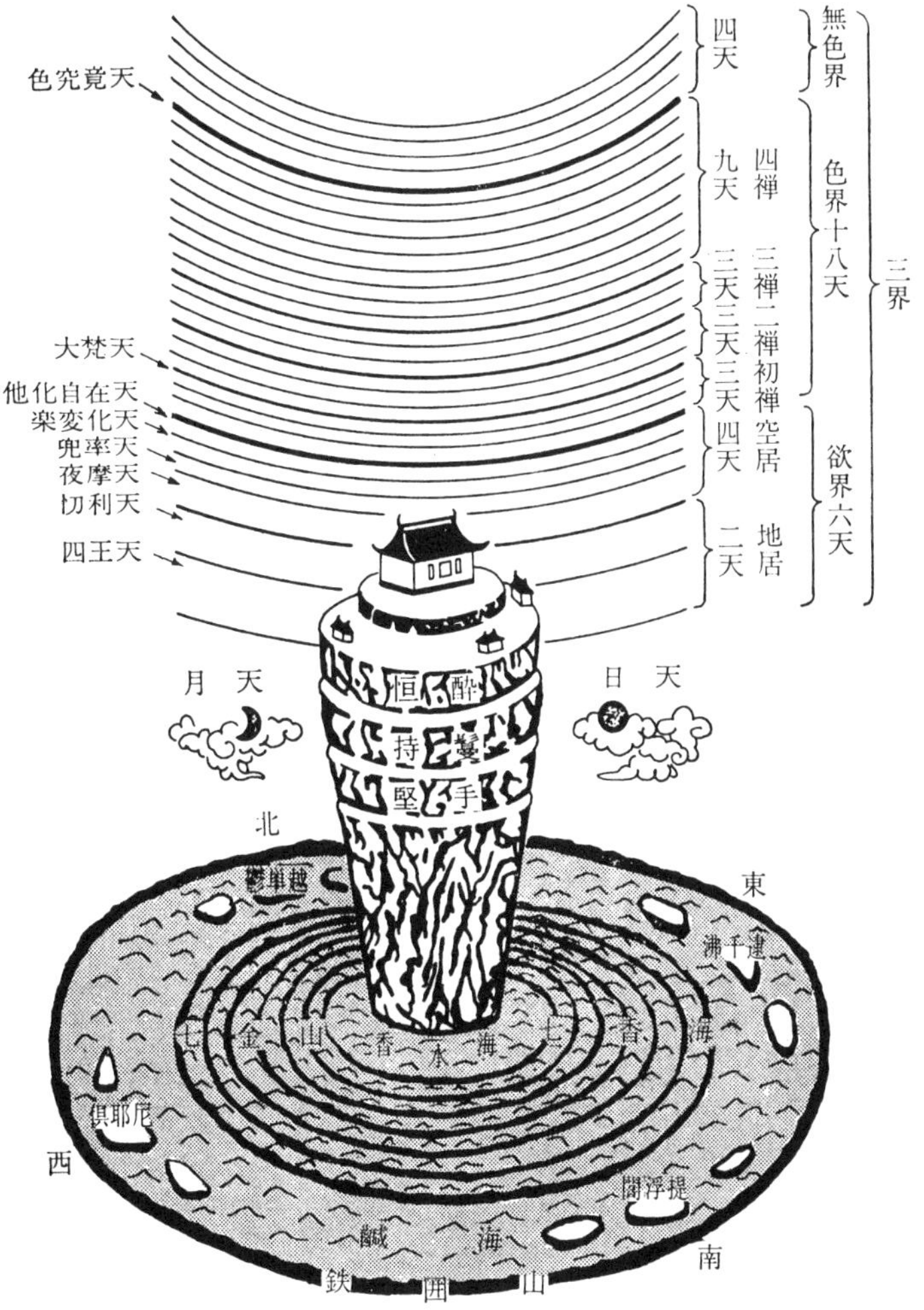

第一図　仏教の世界観　世界の中心金輪の上に須弥山があり，さらにその上に兜率天など諸天が重なる．われわれは，鹹海の南に浮ぶ閻浮提に住んでいる．この世界は，釈迦如来の仏国土に属しており，ここから西方十万億土には，阿弥陀如来の極楽浄土がある．

以上のべたのが、弥勒菩薩とその信仰の概略である。このうち、われわれが死後ただちに兜率天に昇り、のちに弥勒と下生して三会に値遇しようと願う信仰を弥勒上生信仰、一応、兜率上生ときりはなして、未来世の三会の説法に値遇したいと願う信仰を弥勒下生信仰とよぶ。

なお、弥勒菩薩が歴史的に実在した人物か否かといった点についてもいろいろ論議があって、当来仏としての弥勒も、おそらくそのはじめは実在の仏弟子であったのが、理想化され信仰の対象にまでなったのだという説（松本文三郎『弥勒浄土論』）、さらには、三五〇年代に生存し、無着《むちゃく》の師として経典や著書を残した歴史的人物としての弥勒が、この同名の当来仏としての弥勒菩薩と混同されたのだという説（宇井伯寿「史的人物としての弥勒および無着の著述」『印度哲学研究』I）、などあるが、日本の弥勒信仰を考える上ではあまりかかわりないことなので省略する。わが国の人々が崇拝した弥勒は、兜率天上に住んでおり、当来仏としてこの地上に下生して末世を救うという、あくまで弥勒経典に説くところの弥勒菩薩である。

弥勒の三部経

さて、こうした弥勒菩薩についてのべた経典にどのようなものがあるかというと、もちろん弥勒の名は、いろいろの経典の中に出てくるが、弥勒信仰の中心をなす経典は、のちにのべる「法華経」を除けば、一般に弥勒六部経とよばれるつぎの六つである。

(1)　仏説観弥勒菩薩上生兜率天経（略して「上生経」）北涼　沮渠京声訳

(2)　仏説弥勒下生経　西晋　竺法護訳
(3)　仏説弥勒下生成仏経（略して「下生経」）　後秦　鳩摩羅什訳
(4)　仏説弥勒下生成仏経（略して「下生経」）　唐　義浄訳
(5)　仏説弥勒大成仏経（略して「成仏経」）　後秦　鳩摩羅什訳
(6)　仏説弥勒来時経（略して「来時経」）　失訳人名　附東晋録

これらの経典は、いずれも『大正新脩大蔵経』第十四巻に収録されており、その内容や相互の関係については、すでに明治時代に、京都大学の松本文三郎氏の名著『弥勒浄土論』の中に詳細に論じられているから、詳しくは同書をよんでいただくこととし、ここでは、松本氏の結論だけを紹介しておく。

これら六つの経典を、その内容から分類すると、(1)の「上生経」と、(3)〜(6)の「下生経」「成仏経」の、二つの系列に分けられる（(2)の経典は、竺法護訳とあるが疑わしく、経典の性格も他の弥勒経典とは異なるので、ここでは除く）。なぜなら、(1)は、弥勒がこの世で没して兜率天に上昇したときの天上の状態や説法をのべ、(3)〜(6)は、弥勒が兜率天から下生してこの世に出現したときの国土の状態と説法をのべたもので、経の説くところは大きく異なっているからである。

ところで、(3)〜(6)についてみると、まず(4)と(6)は、(3)の異本と考えることができる。つぎに(3)と(5)の関係について考えると、(5)「成仏経」が非常に長文なので、その要点を抄出したのが(3)「下生経」

である。その抄出は、すでにインドで行なわれたもので、「下生経」と「成仏経」は、文章の上では別の経典といってもよいほど異なっているが、内容からいえば、同一の経典ということもできる。したがって、六部経といっても、その中で重要なのは、(1)「上生経」(5)「成仏経」それに(3)「下生経」で、これらを「弥勒の三部経」とよぶのである。

さて、三部経の成立の順序であるが、「下生経」が「成仏経」の抄出とすれば、「成仏経」より「下生経」が新しいのはいうまでもない。つぎに「下生経」と「上生経」を比較すると、「上生経」の中に、「弥勒下生経に説くがごとし」という一節があるから(『大正新脩大蔵経』一四、四二〇頁)、「上生経」の方が「下生経」より新しいと考えられる。経典の内容からいえば、弥勒はまず兜率天に上昇し、その後に地上に下生するのだから、「上生経」が「下生経」より早いようだが、実はその逆で、はるか未来の竜華三会を期す下生信仰がまず成立し、その後、「下生経」の説く未来の救済にあきたりず、死後ただちに弥勒のもとへの上昇を願う上生信仰が発達したところに「上生経」が成立したと考えられる。

もちろんこうした前後関係は、インドにおいてのことで、三経がほとんど同時に伝来した日本の弥勒信仰では、あまり問題にならないであろう。概していえば、日本では、はじめから「上生経」を中心とする上生信仰が、弥勒信仰の主流を占めたのである。そこで、以下、「上生経」を主とし、これに「下生経」をおぎなって、経典に説く弥勒信仰の内容をのべてみよう。

兜率天

「上生経」の説くところによると、あるとき、仏は舎衛《しやえ》国の祇樹給孤独園《ぎじゆきつこどくおん》（祇園精舎）におり、舎衛国にあまねく金色の蓮花の雨をふらせた。この光明をみて、摩訶迦葉《まかかしよう》・舎利弗《しやりほつ》・文殊らは、その眷属をひきい、天竜・夜叉に至るまで、みな仏の前に雲集した。そこで仏は、百万億の陀羅尼《だらに》門を説いたが、集った者の中に弥勒という菩薩がおり、仏の所説を聞いて、たちまちに百万億の陀羅尼門を得、座から立って仏前に進んだ。

ときに、優波離が仏に問うには、「世尊（仏）は、むかし、『阿逸多（弥勒のこと）はつぎにまさに仏たるべし』といわれましたが、この阿逸多は、未だ凡夫の身です。この人は、命終る後に、どこに生ずるのでしょうか」と。そこで仏は、「この人は、十二年の後に命終り、兜率陀天上に往生するであろう」と、弥勒の兜率上生を明言した。以下「上生経」は、仏の説いた兜率天の荘厳のさまを詳しく描くのである。

弥勒が兜率天に往生するとき、兜率天上には五百万億の天人がいて、補処の菩薩（弥勒）を供養するために五百万億の宝宮を作る。一つ一つの宝宮は、七重の垣があり、それぞれの垣は、七宝でできている。その宝は光明を、光明は蓮花を、蓮花は七宝の樹を出し、五百億の天女は、樹下に立って妙なる音楽をかなでる。五百億の竜王は、垣のまわりをめぐって雨をふらせる。ときに、この宮に、牢度跋提という神があって、弥勒菩薩のために善法堂を作ろうと発願すると、額から、自然に五百億の宝珠を出し、摩尼の光は宮中をめぐり、化して四十九重の宝宮となった（これがわが国でいう兜率内院四十九院である）。九億の天子、五百億の天女が生れ、天楽おのずからなり、天女は歌舞し、その歌を聞くものは、無上の道心を発する。兜率天に往生するものは、みなこの天女にかしずかれるのである。

仏が優波離に告げるには、「比丘および一切の大衆で、生天を願い、弥勒の弟子になろうとするものは、五戒八戒具足戒を持し、十善法を修し、一々に兜率天上の快楽を思惟せよ。これが弥勒のもとに至るための正観であり、他の方法は邪観である」と。さらに優波離が仏に、弥勒はいずれのときに閻浮提で没して、かの天に生れるのかと問うと、仏は、「弥勒は、波羅捺国劫波利村の波婆利大婆羅門の家に生れ、十二年の後の二月十五日、没して兜率天に至る。弥勒は兜率天にいて、昼夜つねに法を説き、もろもろの天人を度し、閻浮提の歳数五十六億万歳にして、閻浮提に下生することは、すでに『弥勒下生経』に説いたとおりである」という。仏はつづけて、「仏滅後、わがもろもろの弟子は、精勤してもろもろの功徳を修し、塔を掃き地に塗り、経典を読誦し弥勒の名を称すると、命終るのち、たちまちに兜率天に往生し、弥勒に値遇し、また弥勒にしたがって閻浮提に下り、第一に法を聞くことができる」「兜率天に生れんとするものがあれば、兜率天を念じて仏の禁戒を持し、つぎの観をなすべきである。もし一念弥勒の名を称えれば、千二百劫の生死の罪を除き、ただ弥勒の名を聞いて合掌するだけでも、その人は五十劫の生死の罪を除く。もし弥勒を礼拝するものがあれば、百億劫の生死の罪を除いて、たとい天に生れなくとも、未来世において、竜華菩提樹の下で弥勒に値遇することを得、無上心を発するであろう」と説く。

これらの仏説を聞き、無数の大衆は、歓喜して仏と弥勒を礼拝した。仏は、最後に、「汝ら、仏語を忘れず、未来世のために生天の路を開け、この経を『観弥勒菩薩上生兜率陀天』となづける」と告げた。

竜華三会

さて「上生経」は、弥勒下生については、「下生経に説くがごとし」とするのみで詳しくふれぬが、弥勒が閻浮提に下るありさまはどのように考えられているのか、「下生経」「成仏経」によってみることとする。

舎利弗が仏に、「世尊よ、弥勒はまさに（兜率天から）下って仏となるべしとのことですが、願わくは、弥勒の功徳神力、国土荘厳のさまを聞きたいものです。また衆生は、なんの施し、なんの戒によって、弥勒をみることができるでしょうか」と問うと、仏はこれに答えて、弥勒下生が近づいたときの世界の状態から説きはじめる。

四大海（第一図参照）の水は、おのおの三千由旬を減じ、閻浮提の地は平坦にして鏡のごとく、花が咲き、高さ三十里の大木が繁茂する。人間の寿命も八万四千歳、身のたけ十六丈、智慧威徳をそなえ、快楽安穏にすごしている。飲食と排便と衰老の三つだけが、この世界の病いである。

ここに翅頭末という大きな城がある。きわめて美しく、福徳の人々が城中に満ちている。城の近くの池に竜王が住み、夜々微雨をふらせるので道にほこりがたたず、地面は砂金でおおわれている。この国は、転輪王という王が治めているのである。その城中の、妙梵と梵摩波提という婆羅門の夫婦に、弥勒は生を託して生れた。成長した弥勒は、世の五欲が患いをいたすことを感じ、出家して道を学び、竜華菩提樹の下に坐した。時に諸天竜神は華香を雨とふらせ、三千大千世界はみな震動した。

まず転輪王が竜華樹下の弥勒仏に詣で、出家せんことを乞うて拝礼すると、まだ頭もあげぬ間に、王の髪は落ち、袈裟が身につき、沙門の姿と化した。かくして弥勒は、王とともに、八万四千の大臣・比丘らに囲まれて、翅頭末城に入った。弥勒の足が城門の閾《しきみ》を踏めば、娑婆世界は六種に震動し、閻浮提は化して金色となった。弥勒は、城の中央の金剛宝座で、大慈心をもって大衆に語った。「かつて釈迦牟尼仏が、五濁の世に出でまして、汝らのために説法したまうも、汝らをいかんともすることができなかった。しかし汝らは、衣食を人に施し、持戒、智恵、その他もろもろの功徳を修したので、わが所に来生したのである。われは、これら諸人を摂取するであろう。」

かくして、初会の説法で九十六億人、第二会で九十四億人、第三会で九十二億人が、それぞれ阿羅漢（菩薩の下の位）を得た。ついで弥勒が鶏足山に至ると、ここに釈迦の弟子大迦葉《かしよう》（摩訶迦葉）が入定しており、釈迦から伝えられた大衣を弥勒にささげた。「大師釈迦牟尼は、涅槃にのぞむとき、この法衣をわれに付嘱《ふしよく》し、世尊（弥勒）に奉らしめたのである」と。弥勒は世に住むこと六万歳、衆生をあわれみ法眼《ほうげん》（諸法の真相を観察できる心眼）を得さしめた。弥勒の没するのちも、法が世にとどまることまた六万歳である。

「汝らは、よろしく精進して清浄心を発し、もろもろの善業を行なうべきである。そうすれば、世間の灯明たる弥勒をあいみること疑いない」と告げて、仏は、この経を説き終った。

上生信仰と下生信仰

いままでのべたのは、「上生」「下生」「成仏」の三経をつなぎ合せた弥勒経典の要点である。これらの経典は、いかにもインド人らしい大げさな表現で、兜率天や翅頭末城の美しく壮大なさまをくりかえし説いているが、そのおおよそは、前に引いた要点からもうかがうことができるであろう。日本の弥勒信仰は、あとでふれるように「法華経」の所説も重層するのだが、われわれの先祖の考えた兜率天や弥勒下生のありさまは、およそこうしたものであったのだろう。

さて、これら経典の説くところを比較してよむと、前にものべたが、「上生経」は、弥勒下生について、「下生経に説くがごとし」として、それ以上詳しくふれず、もっぱら兜率上生について記している。これは、「下生経」「成仏経」のように、遠い未来の三会説法の救済を説くだけでは、いかにその際の国土が荘厳とはいえ、現在の人々を十分に満足させることができぬため、死後すぐに弥勒の住む兜率天に昇って輪廻転生の苦からのがれることを強調し、従来の弥勒信仰の不備をおぎなおうとして、「上生経」が作成されたためであろうと松本文三郎氏はいう。松本氏によると、「成仏経」は、紀元二六〇年を下らぬころ、「下生経」は、四世紀の末、「上生経」は、それとあまりへだたらぬころ、インドで成立したと考えられるが（『弥勒浄土論』一八四〜五頁）、いずれにせよ「上生経」の出現によって、弥勒信仰は、兜率上生、閻浮提下生の、首尾一貫した完成した信仰となったのである。

この成立過程からも明らかなように、「上生経」と「下生経」「成仏経」の説く内容には、大きな相違がある。つまり、「上生経」は、われわれの死後の兜率上生から、五十六億余年後の閻浮提への下生、三会値遇までの内容をすべて含むが、「下生経」「成仏経」は、われわれの三会値遇についてのべるだけで、死後の兜率上生の信仰については全くふれていない。それゆえ、「上生経」による弥勒上生信仰は、兜率上生のしめくくりとして三会値遇を想定するが、「下生経」「成仏経」による純粋な弥勒下生信仰では、未来世の三会値遇を願うのみで、死後の兜率上生の信仰を含まないのである。だから、竜華三会についてのべているような願文でも、それが兜率上生の願望も記している場合は、純粋な意味で下生信仰とはよべないのであり、上生信仰の枠内で考えるべきものであろう。

天上の浄土　地上の浄土

弥勒信仰の大きな特色は、それが、天上の浄土と地上の浄土とでもいうべき、二つの浄土を有している点である。

浄土というのは、如来の住んでいる場所だから、弥勒菩薩の修行中の兜率天は、厳密にいえば浄土ではないが、弥勒は如来となることが決定している補処の菩薩だから、兜率天も、一般に浄土とよぶのである。兜率天は、いうまでもなく六欲天の一つで、天界の中でもあまり高い位置ではない（第一図参照)。天界の一番低いのが四天王の住む四王天で、ついで帝釈天および忉利天《とうりてん》(三十三天)があり、その上が夜摩天で、兜率天は夜摩天の上に位する。しかし六欲天の中でも、兜率天の上には、多化楽天、他化自在天があるし、欲天の上には、色界天や無色界天といった、より高い天が存在するのである。松本文三郎氏は、天部の思想は、時代をへるにしたがって、だんだん上に築きあげられたもので、古い時代には、兜率天が最上の天であったろうというが、もちろんたしかなことはわからない。

しかし、いずれにしても、兜率天は、極楽などと同様に、われわれが現に住んでいる地上の世界とは別の世界である。むろん兜率天は欲界の一部だから厳密には阿弥陀の極楽浄土と性格を異にするが、死後の「往生」によって到達する世界としては、実際の信仰の上で大差ない存在である。こうした「天上の浄土」兜率天に対して、弥勒が下生すると、この閻浮提は化して金色になり、まさしく弥勒仏の住む「地上の浄土」が出現する。それは時間的には遠い未来だが、空間的には、十万億土をへだてる極楽やその他のもろもろの仏国土と異なり、現にわれわれが住んでいるこの場所が浄土と化すはずである。そこに弥勒信仰の三会値遇の思想が、人々の強い支持を得た理由があったのである。平安末期になると、極楽に往生したのち、この土地にまた帰ってきて弥勒の説法を聞こうという信仰が多く現われるが、それは、極楽往生の、いわば〝往ききり〟といった性格に対して、また現世にもどれるという弥勒信仰の面が高く評価されて、複合化したものと思われる。

しかも、この弥勒下生を、五十六億余年の先ではなく、いまこのときと考えれば、未来信仰である弥勒信仰は、「現世の浄土」を実現する、きわめて現世的な信仰となる。そこに、中国や朝鮮で、主謀者がみずからを弥勒の化身と称し、「弥勒の世」すなわち「現世の浄土」を実現するのだとして民衆の支持を求め、宗教反乱をくわだてる可能性が秘められているのである。

阿弥陀浄土か弥勒浄土か

いわゆる弥勒の浄土が、死後ただちに上生すべき天上界の兜率天と、弥勒下生によって生ずる地上の浄土の二つに分れることはすでにのべたが、地上の浄土は、死後の往生浄土を求める浄土教の一般的な浄土観とはやや異なるものであり、阿弥陀浄土の極楽に対する弥勒浄土といえば、普通は兜率天をさすのである。理屈からいえば「十方の浄土」などとよばれるように、浄土は多数あるはずだが、実際の信仰で、古来往生の対象とされたのは、極楽と兜率天がぬきん出て多い。そこで、極楽と兜率天に、浄土として優劣があるか、往生の難易があるかといったことが、古来、浄土教学者の間でやかましく論議されている。もっとも、現存するそうした著述は、おおむね阿弥陀浄土家の立場から論じたもので、極楽の勝、兜率の劣を主張するものが多いが、どのような点が問題にされたかは、うかがうことができる。

まず唐の道綽は、「安楽集」巻上で、「弥勒は天衆のために法を説き、信を生ずるものは益を得るというが、信なきものも多く、そうした人々は救われぬ。兜率に往生すれば寿命四千歳（その一日は人界の四百年）というが、寿命終るのちは退落をまぬかれぬ。これに対して極楽は、三界を出るのだから、もはや輪廻することなく、寿は仏とひとしい」など四点をあげて、極楽がすぐれているとしている。

また迦才は、「浄土論」巻下の中で、「兜率には男女雑居しているが、極楽は男だけで女がいない。兜率は寿命四千歳だが、極楽は無限である。兜率に往生しても、悪心によって、地獄に堕ちることがあるが、極楽は善心のみあって、永く悪道を離れる。兜率では弥勒が法を説くだけだが、極楽では水鳥樹木みな法を説く」など十の相違をあげて、極楽がすぐれているという。かれはさらに往生の難易についても論じ、「極楽往生には、ただ五戒を持すればよいが、兜率上生には、十善を修さねばならぬ。極楽は十念成就して往生を得ると観経にあるが、兜率は施・戒・修の三種を具さねば上生できぬと弥勒経にある。極楽は阿弥陀の四十八願により他力往生できるが、兜率は願としてよるべきものがないので、ただ自力をもって往生しなければならぬ。極楽には観音・勢至がいて、信者の命終るときには来迎し導いてくれるが、兜率にはこうした菩薩がいないので、みずから進んで上生しなければならぬ」などの諸点をあげ、極楽往生が兜率上生よりはるかに易行であるとしている。唐の懐感の「釈浄土群疑論」、新羅の元暁の「遊心安楽道」なども、おおよそ同説である。

もちろん道綽や迦才の主張が、阿弥陀経典と弥勒経典の対比の上で正しいといえるかは問題である。松本文三郎氏は、『弥勒浄土論』の中で、これらの浄土教家の説を一々反駁し、極楽も兜率も、浄土の不退、浄土の荘厳、往生の難易など、なんら異なるところはないとしている。たしかに、厳密に経典の説くところを比較すれば、松本氏の説は正しいであろう。しかし、むしろ問題は、浄土教の信者たちが、両浄土を実際にはどのように理解していたかということであろう。そうした人々にとっては、やはりこれら著名な浄土教家の説、あるいはそれをより平易卑俗にのべる布教者の説法が絶対であり、兜率天は、寿数に限りあり、上生には戒・施・修を要する自力的な信仰と理解される場合が多かったのではあるまいか。この問題については、実際の信仰史の問題として、あとに詳しくふれてみたい。

さて以上で、弥勒菩薩の性格、その浄土である兜率天や、弥勒下生のときのありさま、あるいは極楽との相違（と浄土教信者が考えた点）など、一応明らかとなったと思うから、つぎに、本論である弥勒信仰の歴史についてのべることとしよう。

Ⅱ　弥勒信仰の成立

1　大陸の弥勒信仰

弥勒信仰の発生

日本の弥勒信仰を考える場合、日本仏教につねに大きな影響を与える中国大陸で、弥勒信仰がどのように受け入れられていたかは無視することのできぬ問題なので、日本の弥勒信仰史をのべる前に、大陸の弥勒信仰の展開についてふれておこう。

弥勒信仰が発生したのは、いうまでもなくインドである。松本文三郎氏は、釈迦の没後三百年くらいの間は、人々の信仰は釈迦にだけ集っていて、ほかの仏を信仰するようなことはなかったと思われることと、竺法護が最初の弥勒経典「弥勒成仏経」を漢訳したのが三百年代のはじめであることから、弥勒の信仰は、西暦紀元前二百年ころから紀元後二百年代に至る間に、大乗仏教の人々の間で発生したのであろうと推定した（『弥勒浄土論』一五四、一八四頁）。

また、最近の仏教美術史の成果によると、仏像の発生地として有名なガンダーラ地方の遺物に弥勒像がみえるし、ガンダーラとならぶ古い仏教美術の中心地マトゥーラでも、クシャーン王朝のフヴィシュカ王二十九年銘の水瓶を持った弥勒像や、シクリ出土の二世紀後期の弥勒像が発見されたというから（高田修『仏像の起源』二六四、三二八頁）、紀元二〜三世紀には、弥勒の信仰は、インドではかなり盛んになっていたのであろう。

ところで、唐の玄奘三蔵（西遊記の主人公としても有名な僧侶）が、インドに経典を求めて旅行した時（六三〇〜六四四）のことを記した「大唐西域記」の中に、「無着菩薩は、夜になると天宮に昇り、慈氏（弥勒）菩薩のおられるところで、『瑜伽師地論』などを学んだ」という一節がある。仏教学の泰斗宇井伯寿氏は、この記事を合理的に解釈して、無着（〜三九〇年ころ）の先生で、歴史的に実在した人物である弥勒が、以前から信仰の対象として存在した兜率天上の当来仏の弥勒と同名のところから混同されて、このような伝承を生んだのであろうとされた（「史的人物としての弥勒及び無着の著述」『印度哲学研究』一）。氏によると、唯識教学を大成した歴史的実在の弥勒は、二七〇〜三五〇年ころ生存していたというが、こうした関係から、中国・日本の弥勒信仰は、唯識教学を重んずる法相宗を中心に栄えるのである。

そして、「西域記」には、無着が天宮に昇ったという上生信仰的な考えを記しており、一方「上生経」は、四五〇年代には中国に伝えられているから、インドでの上生信仰の成立は、四世紀の末ごろであろうと思われるのである。

中国への伝来

さて、弥勒像がガンダーラ地方に多いのは、弥勒信仰が古くからインド西北地方で盛んであったことを物語るが（高田前掲書二六四頁）、その信仰は、ついで西域（今の中央アジア）にもひろがった。天山南路をへてインドに旅した玄奘が、その途中たちよった敦煌の寺にも、弥勒像があったというが（「大慈恩寺三蔵法師伝」）、この旅の途中の見聞は、後世の人々によって、「玄奘三蔵の云く、西域の道俗はみな弥勒の業をなす」と記され（法苑珠林）、のちにわが国の弥勒信者が阿弥陀信仰に対する弥勒信仰の優越を主張する場合の有力な根拠となった。阿弥陀信者の源信は、こうした弥勒信者の主張に対し、「往生要集」の中で、「どうして仏典で極楽が兜率にすぐれているとされているのに背いて、天竺（インド）や西域の人々の信仰についての風聞などにしたがう必要があろうか」と記し、法然も、「玄奘は、ただ兜率の行者ばかり尋ねたので多くの兜率の行者に会い、西方の行者を尋ねなかったので極楽の行者に会わなかっただけのことだ」と反論している。もちろん玄奘の旅は七世紀はじめのことだが、中国の弥勒信仰が、西域を通じて伝えられたことは疑いなく、それは弥勒経典の翻訳の面からも指摘できるのである。

最初の漢訳弥勒経典は、大安二（三〇三）年、竺法護が訳した「弥勒成仏経」というが、法護の先祖は月支の人といわれ、かれは敦煌の出身で、月支菩薩とか敦煌菩薩ともよばれた。竺という名はそ

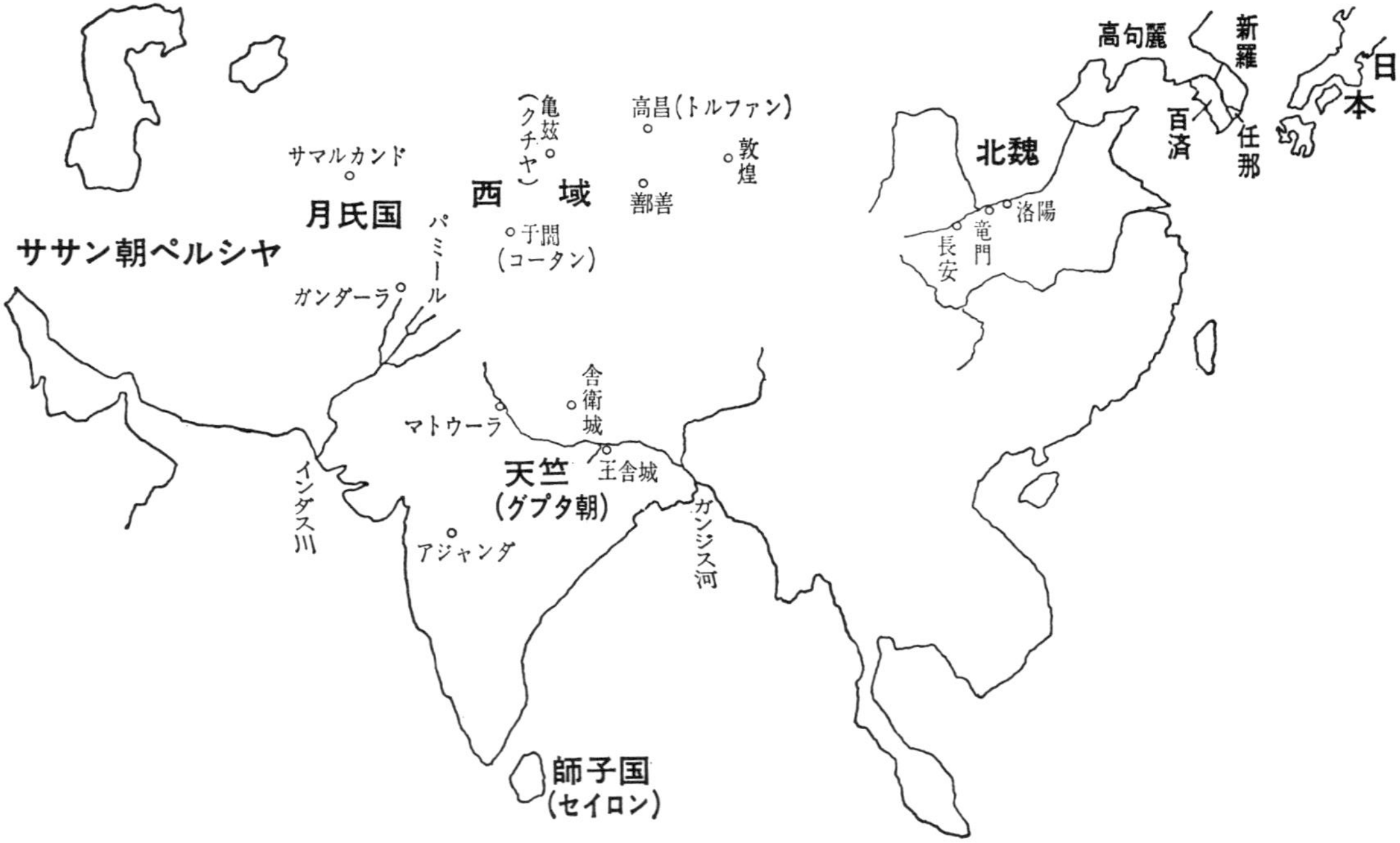

第二図　五・六世紀のアジア

の師竺高座の伝統を受け、西域・インドに学んだことによる。つぎに、五世紀はじめ「弥勒下生経」「弥勒成仏経」を訳した鳩摩羅什も、クチャへ亡命したインド人とクチャ王の妹との間に生れた人物である。弥勒三部経の中でもっともおくれて訳されたのは「弥勒上生経」で、五世紀なかばの北涼の沮渠京声の手によった。かれは北涼王の従弟で、于闐国で仏教を学んだ帰り道、高昌地方で、その土地の言語に訳された「上生経」を得て、それを漢訳したのであろうという（平岡定海『東大寺宗性上人之研究並資料』下、四四〇頁）。

このように、初期の漢訳弥勒経典は、おそらくすでに西域に伝わっていた経典をもととして、いずれも西域の人々の手によって訳されたのであり、それは、中国の弥勒信仰と西域諸国の弥勒信仰との深いつながりをうらづけているのである。

道安と法顕

中国人の弥勒信者として最初の有名な人物は、道安（三一二〜三八五）である。かれは「般若経」を研究して北支那仏教の基礎を確立し、その名声は西域にまで伝わり、鳩摩羅什が「東方の聖人」と讃嘆したと伝えられるほどの人物である。道安は、漢訳仏典の意味不明の文章につきあたるとその難解を嘆じ、弥勒のもとにいって疑いを決したいと願ったというが、そうした学究的精神が弥勒上生信仰につらなったのであろうか。「高僧伝」には、

道安は、弟子の法遇らと弥勒の前で誓をたて、兜率に生れようと願った。

とあり、その弟子の曇戒についても、

つねに弥勒の仏名を唱えて口を閉じる間もなかった。曇戒は、「かつて私は、道安和尚ら八人と、同じく兜率に生れることを願った。和尚らはすでに往生したが、私はまだその願いをとげていないので、こうして兜率往生を祈願しているのだ」と語った。

と記している。「上生経」がまだ漢訳されておらず、おそらくインドで上生信仰が確立したのと大差ない時期に、道安と門弟たちが兜率上生を願ったのは、すこし早すぎるようでもあるが、一応通説にしたがって、中国の弥勒信仰の起源は、道安とその門弟としておこう。

道安についで、中国の弥勒信仰史上有名な人物は法顕である。かれは、三九九年から一五年間にわたってインドに旅した。パミールの峻嶮を越えて北インドの地に入り、陀歴国（ダレル）で、兜率天上の弥勒菩薩を親しく写したという巨大な弥勒像を拝した。そこで、この像ができてから東方へ仏教が伝わるようになったと土地の人々から聞き、後漢の明帝のとき、仏教が中国に伝来したのは、釈迦の後継者である弥勒菩薩のこの霊像が道を開いたからだと信じ、感激したという。法顕は、さらにペルシャをまわって師子国（セイロン）にまで仏法を求めたが、そこで、天竺道人（インド人の僧）が高座の上で経を誦するのを聞いた。天竺道人はいう。

釈迦如来の使用された鉢は、いま中インドの毗舎離から北インド犍陀羅《けんだら》（ガンダーラ）に移っているが、この仏鉢は、数百年を一期として、月氏国・于闐国・亀茲国などの西域諸国を順次にへて中国に達し、さらに師子国をへて中インドに帰り、釈迦の後継者である天上の弥勒菩薩のもとに至って供養を受け、ふたたび下って竜宮に納まる。仏法が衰え、人寿が五歳となって、人々は善を志すようになり、ふたたび人寿がのびて八万歳となるとき、弥勒が下生して三会の説法を行ない、人々を済度する。このとき、仏鉢は、かつての釈迦仏のときのように、四天王が捧持して弥勒仏に献ずるのである。

法顕が、この経を写そうと請うたところ、天竺道人は、「この経本はない。自分が口で誦するだけだ」と答えたという。松本文三郎氏は、多分、天竺道人が、当時インドにあったいろいろの弥勒関係経典をつなぎ合せて説法したのであろうと、推定している。

帰国した法顕は、こうした西域やインドの弥勒信仰を伝えたが、その神秘的な弥勒霊験譚は、五世紀はじめの中国人の信仰に大きな影響を与えた。「仏鉢経」とか「弥勒下経」といった偽経も、おそらく法顕の伝えた弥勒霊験譚にもとづいて中国で作られたのであろうといわれる。こうした道安や法顕による弥勒信仰の鼓吹は、五世紀なかばの「上生経」漢訳とあいまって、釈迦の後継者であり、しかも中国人の尊ぶ天上界に住む弥勒菩薩への人々の帰依を深め、やがて北魏仏教を中心として、中国の弥勒信仰は隆盛をきわめるようになるのである。

＊この項は、松本文三郎『弥勒浄土論』、塚本善隆『支那仏教史研究』北魏編によるところが多い。

竜門石窟

四六三年、北魏が洛陽に遷都すると、その南方、黄河の支流伊水河畔の竜門山に、大規模な石窟が営まれ、そこに多くの石像が刻まれた。この石窟造営は、隋・唐の時代までつづき、現存する二十五の石窟には、実に大小九万七千余体の石仏と二千におよぶ造像の由来を記す銘文があるという。この竜門石窟の銘文から、われわれは、五世紀末から八世紀に至る間（すなわち中国仏教が日本仏教に最も大きな影響を与えた時期）の中国仏教信仰の変遷のあとを容易にうかがうことができるのである。

そこで、竜門においてどのような尊像が造られたかを表示するとつぎのようになり、六世紀には釈迦と弥勒が多数を占め、七世紀には阿弥陀が圧倒的に多数となる。すなわち中国仏教では、弥勒信仰が阿弥陀信仰に先んじて発達し、唐のころに、その座を阿弥陀信仰にゆずったことが知られるのである。

つぎに、北魏の弥勒信仰の内容についてみると、太和十九（四九五）年、長楽王夫人が亡息のため造った弥勒像の銘文に、「もし息子が再生するならば、天上諸仏のところに生れるように」と記されたのをはじめ、ほとんど例外なく、一族の死者・祖先が「天上に生れる」ことを願うものであり、一言でいえば、追善的な上生信仰であった。

北魏の人々は、輪廻する六道の中の天道と人道を「天人の勝処」とよび、「過去世の師僧父母一族が兜率天に生れるよう願い奉る。もし人間世界に生れるならば、名門に生を受け、官爵栄達を得さしめたまえ」と願ったのであり、かれらの信仰の実態は、欲界の一つである天上の勝処に生れて諸神・菩薩・玉女などのそばで快楽を得るか、さもなければ人間界の王侯貴族の家に生れようという、きわめて現世的色彩の強いものであった。当時、阿弥陀という尊名がまだ現われず、後世の阿弥陀にあたる無量寿が、来世的な意味よりも、「不老長寿」を連想させるその名前から受け入れられたというのも、北魏仏教の現世的性格を示している。

もちろん北魏の人々は、経典によって、兜率天と極楽の別は知っていたが、塚本善隆氏によると、実際の信仰としては、西方極楽世界も「天上の西方」くらいに考えられ、道教の神や玉女や弥勒や無量寿や天人まで、同じ天上界に住む神として理解されていたのではないかという。その結果として、兜率天と極楽、弥勒信仰と阿弥陀（無量寿）信仰は混同され、弥勒像を造って西方妙楽国土への往生

竜門の造像変遷

	北魏（四五九～五三五年）	唐（高宗～則天六五〇～七〇四年）	計
無量寿	八	○	八
阿弥陀	○	一一〇	一一〇
弥勒	三五	一一	四六
釈迦	四三	九	五二

（塚本善隆『支那仏教史研究』三八〇頁の表による）

を願い、さらに弥勒三会値遇を期するといった銘文もみられるのである。

このように北魏の仏教は、現世の得福を求め、死後は神仙的な天上世界への往生を願う道教的浄土教とでもいうべきものであった。「天上の神々」への漠然たる信仰は、仏教の中では、兜率天に住む弥勒菩薩の信仰ともっともむすびつきやすいものであり、そこに、弥勒上生信仰が北魏仏教の中心的位置を占めた理由があるのであろう。

しかし、隋・唐代になると、極楽の勝、兜率の劣を主張する道綽（本書二二頁）や善導の出現とともに、末法のもとで五濁悪世の罪悪凡愚の衆生をも極楽に摂取するという阿弥陀信仰が急速に発達し、中国仏教の主流は、此土的な弥勒信仰から彼土的な阿弥陀信仰へと移った。竜門石窟造像の変遷は、こうした弥勒信仰から阿弥陀信仰への推移を、そのまま反映しているのである。

＊この項は、水野清一・長広敏男『竜門石窟の研究』、塚本善隆『支那仏教史研究』北魏編によるところが多い。

民衆反乱と弥勒下生

私は最初に、弥勒信仰の浄土観としては、上生信仰の兜率天（天上の浄土）に対し、弥勒がこの世に下生するとき出現するという地上の浄土があることをのべた。もちろん経典の説く弥勒下生は、釈迦没後五十六億七千万年という無限にひとしい未来である。しかしこうした時間観念を無視して、「いまこそ弥勒下生のとき」とするならば、下生信仰は、死後の往生を待たずとも、この地上に「現世の浄土」を実現する、きわめて現世的な信仰になる。事実、一般民衆にとって、五十六億余年の未来ということは、あまり実感として理解できなかったろうから、貧困と圧政に苦しむかれらには、「いまこそ弥勒下生のときである」「自分は、弥勒の化身である」といった妖言が訴えるところは大きかったらしく、こうした指導者の言を容易に信じて、しばしば大規模な反乱をおこした。これが中国史上で「弥勒教匪」とよばれるものである。

竜門の石窟銘をみると、すでに六世紀のはじめから、竜華三会に値遇することを願う例がみられるから、北魏では、上生信仰とならんで下生信仰もかなり発達していたと思われる。こうした下生思想を背景に、はやくも延昌四（五一五）年、大乗賊の乱がおこった。

沙門法慶は、幻術をよくし、みずからを大乗と称し、冀州の豪族李帰伯を信服させ、さらに刺史（地方官）の失政や凶作に苦しむこの地方の人々を多く傘下にあつめた。伝えられるところによると、法慶は、部下に薬をのませて狂わせ、父子兄弟もみわけられぬようにし、一人を殺す者は一住菩薩、十人を殺せば十住菩薩、殺人を重ねれば重ねるほど菩薩の位が進むと説いた。こうして蜂起した大乗賊五万は、おそるべき殺人集団と化し、縣令を殺し、寺院を破壊し、僧尼を斬殺した。北魏朝廷は、十万の兵を派遣し、四箇月の激戦ののち、これを鎮圧したが、河北一帯は、このために死者数万、みるもの傷心せざるなしという惨状を呈した。

この大乗賊のスローガンは、「新仏出世して旧魔を除去す」であった。すなわち、指導者の法慶を新仏（弥勒）になぞらえ、新仏の出世によって旧来の支配者や僧尼など一切の魔性を除き、理想国土を実現するというもので、弥勒の名ははっきり出ていないが、弥勒下生と民衆反乱のむすびついた最初の例と考えてよいであろう。

しかし、こうした弥勒下生に名を借りた反乱が頻発するのは、むしろ阿弥陀信仰が弥勒上生信仰を圧した隋・唐以後であり、浄土教としての力を失った弥勒信仰は、来世的な阿弥陀信仰に対し、むしろ、「地上の浄土」を実現するという下生信仰の現世的側面において、民衆に受け入れられたと思われる（こうした傾向は、わが国でもみられる。本書Vの2参照）。

隋の大業六（六一〇）年元旦、白衣をまとい香花を持った一団が、弥勒仏の出世であるといって衛士を殺し、洛陽の建徳門から乱入する事件があり、これに連坐するもの千余家におよんだという。ついで大業九年には、宋子賢の反乱がおこった。河北の唐県の人宋子賢は、幻術をよくし、みずから弥勒仏の出世と称した。かれは、堂上に鏡をかけ、紙に蛇の形を描き、来観する人のあるときは、鏡を転じて種々の形を示し、あるいは罪業ある人が懺悔礼拝すると、紙の蛇を人形にかえるといった詐術を行なって、日に数百千人の信者を得た。ついに反乱をくわだてて、煬帝の行列を襲おうとしたが失敗し、殺された。また同年、陝西の扶風県の沙門向海明も、弥勒の化身であると称して衆を集めて反乱をおこした。かれはみずからを皇帝と号し、年号も白烏元年と改めたが、ついに追討軍に滅されたという。

唐代に入ると、則天武后の武周革命の場合が興味深い。武后が、権力を掌握するために、異母兄、従兄、姪、はては実子の皇太子に至るまで容赦なく殺害したことは有名だが、女性の身としての皇位獲得の仕あげは、やはり弥勒下生に名を借りたものであった。載初元（六九〇）年、武后の愛人でもある快僧薛懐義《せつかいぎ》は、洛陽の禁中道場に奉仕していた一味九人の僧と共謀し、「大雲経」という経典（かれらの偽作という説もある）に付した識文を作り、「則天はこれ弥勒仏の下生なり。閻浮提の主となる」といいだした。従来、弥勒下生は民衆反乱のよりどころだったが、武后はこれをたくみに利用して、上から人心を収攬しようとしたのである。この計画は成功し、官僚・民衆など六万余人が武后に即位を請願し、武后はこの請願を受け入れるという形をとって皇帝となり、国号を周と改めたのであった。

弥勒下生を称える反乱は、唐代から宋代に至る間も、なおいくたびとなくくりかえされる。これらの反乱は、もとより、それぞれに独自の社会的背景をもつものであるが、思想的面からいうならば、中国における弥勒下生の現世信仰化という流れにおいて一括してとらえることができるのである。

＊この項は、塚本善隆『支那仏教史研究』北魏編、重松俊章「唐宋時代の弥勒教匪」（『史淵』三）、礪波護「唐中期の政治と社会」（『岩波講座世界歴史』五）によるところが多い。

新羅花郎

中国の弥勒信仰展開は、おおよそ以上にのべたとおりだが、わが国の仏教成立期に直接影響を与えた朝鮮の場合はどうであろうか。

古代朝鮮の信頼できる文献はほとんど残っていないので、朝鮮の初期の仏教は不明な点が多いが、たとえば、高句麗平原王十三（五七一）年に比定される辛卯年銘三尊像には、無量寿仏を造り亡師父母などの弥勒に値遇することを願う旨の銘文があり、その信仰内容は北魏竜門のそれと大差なかったようである（井上光貞『日本浄土教成立史の研究』四頁）。六世紀の末から七世紀にかけて、百済や新羅から盛んに弥勒像がわが国に伝えられたことは、日本側の文献によってうかがえるから（Ⅱの2参照）、朝鮮半島には、北魏仏教の影響下に、中国にややおくれて、ほぼ同一の性格の弥勒信仰が成立していたと思われる。新羅文武王（七世紀後半）の時代に元暁が出て「遊心安楽道」をあらわして弥勒上生信仰と阿弥陀信仰を比較し、極楽の優・兜率の劣を主張したのも、唐の道綽の「安楽集」などの著述に対応するものといえよう。

しかし、朝鮮独自の弥勒信仰の形態として有名なのは、新羅の花郎制度である。新羅では、古くから、呪術宗教的試練を与えて戦士的訓練をする若者集会があり、花郎の名でよばれていたようである。はじめ、この集会の司霊者は、美女二人をもってあてていたが、真興王三十七（五七六）年、彼女らが娟を競って内紛し、相手を殺したのを機に、女性の司霊者を廃し、以後は美貌の男子をとって花郎とした。これから花郎制度は大いに発展し、新羅の賢臣・勇将は、多くこの衆徒から生れたという。しかし、真興王の時代の花郎制度の整備は、単に司霊者が女から男へ変っただけではなく、八百谷孝保氏によると、弥勒下生信仰を、その団結の基礎とするようになったと考えられるという。

真興王のつぎの真智王の時代（五七六〜五七八）、興輪寺の僧真慈は、本尊弥勒像の前で、弥勒が花郎と化してこの世に出現することを願い、弥勒仙花という少年に会った。真平王の時代（五七九～六三二）には、花郎の衆徒は、みずから竜華の香徒と称した。時代は下るが、景徳王の時代（七四二～七六四）には、花郎の徒である月明師が、兜率歌をうたって弥勒を祭ったと伝えられる。おそらく、従来の若者集会の伝統に加えて、集会の中心人物である花郎は弥勒の化身であり、花郎の徒は弥勒に保護されるという信仰によって、花郎衆徒の団結が保たれていたのであろう。

花郎制度は、指導者を弥勒の下生と信じさせ、この指導者を通じて国家への忠誠をつくさせることにより、国家が貴族・宗教の統制を同時に行なおうとしたもので、それは一面では、中国の場合のような弥勒下生を名とする民衆反乱を未然に防ぐことに力があったとも思われる。しかし、新羅末期となり、王権が衰微し、花郎制度による宗教統制がゆるむと、中国の場合同様、みずからを弥勒仏と称する弓裔の反乱（九世紀末）などがおこるのである。

＊花郎制度については、八百谷孝保「新羅社会と浄土教」（『史潮』七～四）によるところが多い。

弥勒信仰展開の傾向

以上、インドにおこり中国・朝鮮に展開した弥勒信仰の流れをおおまかにみた。朝鮮の弥勒信仰は、史料が乏しくて不明の点が多いが、おおよそ中国の弥勒信仰の形態を反映していると考えてよいようである。そこで中国の弥勒信仰の展開を中心に考えてみると、一般的傾向として、まず阿弥陀信仰に先んじて、兜率上生を願う弥勒上生信仰が発達し（この場合、兜率上生と極楽往生が混在している例が多い）、やがて阿弥陀信仰が浄土信仰の主流を占めると、来世信仰としての存在意義を失った弥勒信仰の中では、下生信仰が現世信仰的色彩をおびて発達し、「現世の浄土」を実現しようとする民衆反乱などがおこるようになる。

こうした大陸の弥勒信仰展開の一般的傾向が、日本の弥勒信仰の場合にも基本的にあてはまるかどうか、以下、順をおって、のべていくこととしよう。

2　弥勒信仰の伝来

弥勒像の伝来

すでにのべたように、中国や朝鮮で弥勒の信仰が盛んであったとすれば、その信仰が、海を越えてわが国に伝来するのは、きわめて当然のことであろう。では、日本に弥勒信仰が伝わったのはいつのことかというと、まず、「日本書紀」の敏達天皇十三（五八四）年の条に、つぎのような記載がある。秋九月に、百済から、鹿深臣《こうかのおみ》が弥勒の石像一軀をもってきた。また佐伯連も、仏像一軀を伝えた。この年、蘇我馬子は、この仏像二軀を請いうけて、四方に修行者を求め、播磨国ですでに還俗していた高麗人の僧恵便《えべん》を得て師とし、司馬達等《しめだちと》の娘など三人を得度させて尼とした。また仏殿を馬子の邸宅の東に造り、弥勒の石像を安置し、三人の尼を請うて法会を行なった。わが国の仏法は、ここにはじまったのである。

この説話の原型と思われるものは、奈良の元興寺に伝えられる縁起（寺の由来を記した書）の中に出てくる。天平十九（七四七）年作成された「元興寺縁起」は、推古天皇二十一（六一三）年、聖徳太子が勅命を受けて記載させたという「元興寺古縁起」を収載している。この古縁起は、聖徳太子作成という点は疑わしいにせよ、元興寺に古くから伝わる史料を用いており、「日本書紀」の編者も利用したらしいが、この中に、

　癸卯の年（敏達十二年）、甲賀臣が百済から石の弥勒菩薩像を持ってきた。三人の尼が、像を家の入口において供養礼拝した。

と、前の「日本書紀」の記載より一年前の年にかけて、ほぼ同一の内容を記している。「日本書紀」の鹿深臣は、「元興寺古縁起」の甲賀臣と同じ人物で、たぶん、近江国甲賀郡の豪族なのであろう。司馬達等は、有名な法隆寺金堂釈迦三尊を造った司馬鞍首《しめのくらおびと》止利《とり》（止利仏師）の祖父にあたる。また「聖徳太子伝暦」や「扶桑略記」は、このときの弥勒石像が、のちに法興寺（本元興寺）の東金堂に安置されたと記している。

日本への仏教伝来について、「日本書紀」は、欽明天皇十三（五五二）年、百済の聖明王が釈迦金銅像と経論を伝えたのがはじめであるとしている。しかしこれは、欽明と安閑・宣化天皇の併立という当時の政治混乱をおもてに出さぬため、あるいは末法の第一年のこの年に仏教伝来と仏教迫害の伝

承を一括してあてるため（正法五百年、像法千年説に立つと、この年は千五百一年目、すなわち末法第一年にあたる）、書紀編者が意識的に史実の年代を改変したものであり、奈良時代の僧侶の間では、むしろ「元興寺縁起」などに記されるように、仏教伝来は欽明天皇戊午年（五三八年か）と考えられていたのである（益田宗「欽明天皇十三年仏教伝来説の成立」、坂本博士還暦記念『日本古代史論集』所収）。

もしこの戊午年伝来説が正しいとすれば、弥勒像は、おそくも仏教公伝後四十余年で伝来したことになるが、もちろんこの当時の「日本書紀」の仏教関係記事はいろいろな説話的要素が多くて、すべてを歴史的事実とすることはできないであろう。しかし、伝来した仏像で尊名の明らかなものとしては、公伝の際の釈迦像についで、この甲賀臣の弥勒像が現われるから、その伝来の実年代は別としても、中国や朝鮮の仏教の状態を反映して、弥勒像が釈迦とともに、非常に早い時期に日本に伝来したことは疑いないであろう。

もちろんこのことは、いわゆる弥勒信仰が、この時期に成立したという意味ではない。伝来期の日本では、深遠な仏教の教理など理解されるわけがなく、いろいろの仏菩薩も「蕃神」（日本の神に対する異国の神）として一括して考えられていた。敏達天皇十三年に伝来したという前掲弥勒像に関連して、「日本書紀」は、翌十四年の条につぎのような話を記している。

蘇我馬子が病んだので、卜者（占い師）にその原因を問うたところ、卜者は「馬子の父（稲目）のときに祭った仏神の祟りである」といった。これを聞いた天皇は、「卜者の言によって、父の神（仏をさす）を祭れ」と命じた。そこで馬子は、前年伝来した弥勒の石像を礼拝し、「寿命を延べたまえ」と乞うたが、このとき、国に疫疾がおこり、民が多く死んだ。そこで物部守屋らは、「これは蘇我氏が仏法を興したためである」と称して、寺を焼き、仏像を難波の堀江にすてた。

もちろんこれは、歴史的事実ではなく、仏教迫害の説話にすぎぬが、当時の人々の仏教に対する考え方を知ることはできる。ここで仏は、わが国古来の神に対応する異国の神として意識されており、しかも弥勒像に馬子が祈ったのは、兜率天への上生でもなければ弥勒三会に値遇したいというのでもない、自分の病いをなおしてほしいという、きわめて素朴な現世利益的祈禱である。治病を祈る仏なら薬師がもっともふさわしいだろうが、馬子はおそらく弥勒や釈迦や薬師といった諸尊の区別を明確に意識しておらず、「臣の病いは重くてなかなか治りません。三宝の力によらねば治すことはむずかしいでしょう」という上表からもうかがえるように、「蕃神」としての仏一般の呪力に帰依していたのである。つまり、この段階では、弥勒像が伝来していたとはいえ、経典に説くような意味での弥勒信仰は、まだ日本人の間に成立していなかったといえよう。

飛鳥時代の弥勒像

仏教伝来につづく、聖徳太子が活躍した推古天皇の時代を中心とする一時期は、当時の都のあった地方の名にちなんで、飛鳥時代とよばれる。このよび方は、美術史家の間でことに盛んに用いられるもので、飛鳥・白鳳・天平といった古代美術の時代区分のよび名は、一般の方々にもなじみ深いであろう。

このように飛鳥仏といえば、日本の最も古い時代の彫刻の代名詞のようになっているが、文献や現存遺物の中で飛鳥仏と確認できる仏像は、意外に少ないのである。

飛鳥仏として文献上信ずるにたる例をあげてみると、まず釈迦像では、「日本書紀」欽明天皇十三年条にみえる聖明王が献上したという像、法隆寺金堂の釈迦三尊像（推古天皇三十一年、西暦六二三年）、同宝蔵殿の戊子銘釈迦三尊像（推古天皇三十六年）がある。このうち法隆寺金堂釈迦三尊は、飛鳥仏といえばだれでも思いうかべる像で、北魏竜門の様式を源流とする止利仏師の作である。つぎに薬師像では、推古天皇十五年に聖徳太子が用明天皇の遺志をついで造ったという法隆寺金銅薬師像があるが、昭和初期に福山敏男氏が、その銘文の文体や書体に疑問を示して以来、推古十五年の造像と信ずることはできなくなった。観音像についてみれば、おそらく飛鳥朝に伝来していたと思われるが、有名な百済観音・夢殿観音を白鳳仏とする説も有力であり、飛鳥朝の確実な銘文を有する像は一体も残っていない。また阿弥陀像の場合も、実際には伝来していたと思われ、家永三郎氏は、飛鳥仏の可能性ある阿弥陀像を五体あげているが、文献的にはいずれも確証がないのである（以上、井上光貞『日本浄土教成立史の研究』三頁。野間清六『飛鳥白鳳天平の美術』一八頁以下。家永三郎『上代仏教思想史研究』五四頁以下。速水侑『観音信仰』一七頁以下）。

それでは弥勒像はどうかというと、まず文献では、前にあげた「日本書紀」敏達天皇十三年条の弥勒像があり、さらに「聖徳太子伝私記」に引く「法起寺塔婆露盤銘」に、「聖徳太子が崩御したとき、山代《やましろ》（背）大兄王《おおえ》がこの寺を作り、戊戌年（舒明天皇十年、西暦六三八年）に福亮僧正が弥勒像一体を造った」という、ほぼ信ずべき銘文がある（『寧楽遺文』九六六頁）。

こうした明証はないにしても、飛鳥仏の可能性のある弥勒像は、ほかの尊像に比較してかなり多い。中宮寺の如意輪観音とよばれる半跏思惟像も、今日では弥勒菩薩とよぶのが定説化しているし、さらに広隆寺には、宝冠弥勒と泣弥勒《なきみろく》という二体の弥勒像がある。宝冠弥勒は、今日では飛鳥期弥勒像の代表のようになった、アカマツ一木彫の美しい彫刻である。これら三像についても、白鳳仏であろうという説があるが（野間清六前掲書）、これには美術史家の間で反論もあり（久野健「古代彫刻論」岩波講座『日本歴史』三所収）、ことに広隆寺の弥勒像は、文献上からも、飛鳥仏の可能性が高いようである。

「日本書紀」には、広隆寺の仏像に関係すると思われるつぎのような記事がある。

（1）推古天皇十一年、聖徳太子は諸大夫に「われ尊き仏像をたもてり。誰かこの像を得てみやびまつらん」といったところ、秦河勝《はたのかわかつ》が進み出て、「臣拝みたてまつらん」といい、この仏像を得て、蜂岡寺（後の太秦《うずまさ》の広隆寺）を建てた。

（2）推古天皇二十四年、新羅は使を遣して仏像をたてまつった。

（3）推古天皇三十一年、新羅は使を遣して仏像などをたてまつった。この仏像は秦寺（広隆寺）

に安置した。

以上の記事では、仏像の種類は明らかでないが、「聖徳太子伝補欠記」「聖徳太子伝暦」「扶桑略記」などをみると、(1)は新羅国の献じた弥勒像であり、(2)はのちに蜂岡寺に安置したが放光の怪異があったという。この(1)の像が現在の広隆寺宝冠弥勒像で(小林剛「太秦広隆寺の弥勒菩薩像について」『史迹と美術』一七六)、(2)あるいは(3)が現在の泣弥勒であろうという。以上の文献は一致してこれら弥勒像が新羅仏であるとしているが、事実、その様式は、新羅出土の弥勒像に近似しているといわれ、当時の蘇我氏を中心とする百済仏教全盛期に、聖徳太子と秦河勝は、むしろ新羅仏教を受容したのではないかという興味深い説もある(平野邦雄「秦氏の研究」『史学雑誌』七〇ノ三・四)。前にのべたように、当時の新羅では、花郎を中心とする弥勒信仰が盛んであったから、飛鳥時代に、新羅の弥勒像が伝来した可能性は高いのではあるまいか。

いずれにせよ、薬師・観音・阿弥陀などの像で、確実に飛鳥仏と判定できるものがほとんどない中で、弥勒が釈迦とならんで、かなり多くの飛鳥期の像をあげることのできるのは注目に価する。北魏竜門の仏像の変遷をみても、まず信仰の中心をなしたのは釈迦と弥勒であったが、それはそのまま、わが国の飛鳥仏教にもあてはまるのであり、弥勒信仰が日本仏教の最も古くからの信仰であったことは、まちがいないところであろう。

天寿国のなぞ

はじめにのべたように、弥勒像が伝来した当初は、およそ弥勒信仰などとはよべないような素朴な現世利益的祈禱が弥勒像に対して行なわれていたが、このように推古天皇のころになって、多くの弥勒像が寺院に安置されるようになると、当然そこに、経典に説かれる本来の意味での弥勒信仰――つまり兜率天に往生しようといった信仰――が生じて来るのではないかと考えられる。そうした弥勒信仰との関連で注目され、非常に有名なものが、法隆寺の隣の尼寺中宮寺に伝えられる天寿国繡帳である。

今日では天寿国繡帳の大部分が破損して、ごく一部がガラスケースの中に保存されている。繡帳は亀甲型の中に四字ずつ文字を記しており、それも現存では六顆二十四字しか残っていないが、当初は百顆四百字からなり、その全文は「上宮聖徳法王帝説」によって知ることができる。その大意は、辛巳年（推古天皇二十九年、西暦六二一年）十二月二十一日に聖徳太子の母孔部間人《あなほべのはしひと》が崩じ、翌年の二月二十二日夜半には太子も崩じた。ときに多至波奈大女郎《たちばなのおおいらつめ》（橘夫人）が悲哀嘆息していうには、「天皇に申しあげることは恐れありといえども太子をなつかしむ私の心はとどめがたいものがあります。わが大王（太子）が母王と契りしごとく、かみさりましたことは、痛酷比するものもありません。生前わが大王は、『世間虚假《せけんこけ》、唯仏是真《ただぶつこれしん》』（この世は空しく、ただ仏のみがまことである）といっておられましたが、これを玩味して思うに大王は天寿国《てんじゅこく》に生れられたことでしょう。しかしかの国のありさまは目でみることができないので、その像を図して、大王の往生のさまをみたいと思います」と。推古天皇はこれを聞き、まことにそのとおりであるとして、采女《うねめ》らに命じて繡帳二帳を造った。

というのである。

古来この繡帳銘文が重視されたのは、飛鳥仏教の代表者というべき聖徳太子の具体的信仰をうかがうことができると考えられたためである。もっとも、銘文に即して厳密にいえば、太子の信仰は「世間虚假、唯仏是真」の八字だけで、天寿国は橘夫人の信仰にすぎぬという見方もあるが（家永三郎『上代仏教思想史研究』三六頁）、いずれにせよ「往生」ということばから明らかなように、飛鳥時代のなんらかの浄土思想を示すものであることは疑いない。そこで天寿国とはなにかということになるが、もちろん経典をみてもこんな名前の浄土は存在しない。そこで天寿国については、大勢の学者によって、いろいろの解釈がされている。

まず古来有力なのは、天寿国は西方浄土つまり極楽であるという説である。これは、浄土といえば極楽という観念と、「世間虚假、唯仏是真」の句が弥陀浄土信仰にふさわしいという印象からのべられたもので、島地大等、常盤大定、前田慧雲らの学者がこの説をとっている。天寿国繡帳は直接には太子の信仰を示すものでないとする家永三郎氏も、天寿国は西方无《む》（無）寿国の変形であり、「三経義疏」などによれば、太子自身はやはり阿弥陀信仰を有していたであろうとされた。

これに対する有力な反対説が、天寿国は弥勒浄土つまり兜率天であるという説である。『弥勒浄土論』の著者松本文三郎氏は、この当時の日本に阿弥陀信仰はまだ成立しておらず、これに対し朝鮮では三論・成実の盛行のもとで弥勒信仰が盛んであり、太子の師の慧慈も弥勒の信仰をもっていたらしいから、天寿国は兜率天であるとした。戦前における日本仏教史研究の第一人者辻善之助氏も、やはり弥勒浄土説である。「法王帝説」は、天寿国に「天というごとし」と註しているから、天寿国は天国の一種であろう。事実、繡帳をみると、左上に兎と桂の木のある月が描かれており、天を示していることがわかる。つまり太子と橘夫人の信仰は天にあったので、この時代の天といえば兜率天であろうというのが辻氏の考えである。このほかにも、天寿国は、いずれの浄土とも決定できぬ漠然とした浄土世界であるとか、天上の神仙郷であろうといった説もある（以上の天寿国に関する諸説については、重松明久『日本浄土教成立過程の研究』参照）。

ところで従来の弥勒浄土説は、「天」という語感から天寿国は兜率天であろうという、印象説明的な欠点があったが、最近、重松明久氏が注目すべき説を発表した。氏は、現存する遺片から繡帳の全体像を再現し、弥勒経典や中国敦煌の弥勒浄土変相などとの比較を通じて、天寿国繡帳二帳は、「弥勒上生経」と「弥勒下生経」の内容を、それぞれ一帳ずつに表現したものであるとした（重松前掲書）。これは、いままでになく精緻な研究で、弥勒浄土説は非常に有力になったといえる。

ただ氏は、「法隆寺資財帳」にこの繡帳は天武天皇施入と記されるところから、あるいは白鳳期の天武天皇生存中に作成され、さらに「法隆寺資財帳」の成立した天平末年ころ法隆寺僧行信によって銘文が加工されたのではないかと推定している。この推定が正しいとすると、天寿国繡帳は、白鳳ないし天平の弥勒信仰を示すものにすぎなくなってしまう。家永三郎氏が、

世に現世または人身の無常を歎ずる句、あるいは仏果の円満、仏身の常住を讃する語、その数夥《おびただ》しけれど、両者を必然的関係のもとに対比して、世界の真相を簡明直截に指示せること、この御遺言におよぶものなし。……蔵経五千巻の要旨、この八字に尽くというもあえて溢美にはあらじ。

と激賞した「世間虚假、唯仏是真」の句も、行信の著書に類似の表現がみえることから、重松氏は、あるいは行信の作ではないかというのである。

この重松説に対しては、家永氏の反論も発表されており、重松説の根拠はかならずしも十分ではないようである。私も、天寿国繡帳は太子と橘夫人の信仰を示すものであり、天寿国とは、北魏で兜率天も西方浄土も漠然たる天上世界と考えられたような意味での、未分化の天上の浄土ではないかと考えるのである。いずれにしても、「太子の浄土」として古来有名な天寿国は、なおなぞにつつまれた存在であり、結局われわれは、大化前代の弥勒信仰の性格について確実にこれを推測し得る史料をまだもっていないといいえよう。

3　律令社会と弥勒信仰

天智朝の弥勒信仰

いままでにのべたように、飛鳥時代の弥勒信仰に関する史料は、数も少なく、その性格もはっきりしない。そこで、日本の古代社会の弥勒信仰の性格を考える場合、こうした不明確な史料はひとまずおいて、時代が下っても、確実な史料の整理と解釈からはじめるべきであろう。では、わが国で弥勒信仰に関する確実な史料が多く現われるのはいつかといえば、それは白鳳期のはじめの天智天皇の時代で、「今昔物語」など後世の説話を除いても、つぎの五つの史料をあげることができる。

（1）丙寅年（天智五年、西暦六六六年）、高屋大夫は夫人阿麻古追善のため、金銅弥勒菩薩像を造った。（「寧楽遺文」九六一頁）

（2）丙寅年（同前）四月八日、橘寺の智識ら百十八人が、中宮天皇の病平癒のため、弥勒像を造った。（「寧楽遺文」九六三頁）

（3）天智七年正月十七日、近江国志賀郡に崇福寺を建てたが、整地の際、奇妙な宝鐸（銅鐸のことか）と長さ五寸ほどの白石を掘出した。この石は、夜光明を放つので、弥勒仏および十方の仏に供えたところ霊験あり、天下の人々、帰依せぬものはなかった。（「扶桑略記」）

（4）　天智八年十月十六日、内臣大織冠藤原鎌足が没した。天智天皇が詔していうには、「出家して仏に帰依するにはかならず法具がいる。ゆえに純金の香爐を与えよう。この香爐をもって汝の誓願のごとく、観音菩薩の後にしたがい、兜率陀天上に到り、日々夜々弥勒の妙説を聞き、朝々暮々真如の法輪を転ぜよ」と。（「家伝」上）

（5）　天智天皇は、兜率天に生ずるを願い、滋賀山に寺を建て（崇福寺）、弥勒像を安置し、弥勒経上中下十部を書写し、仏具・封戸・水田を施入して、往生の供料とした。また天皇は、一指を切って火をともし、「願わくは、この灯明の消えず、当来の竜華会に至り、未来劫の一切如来を供養せんことを。また願わくは、わが法会にあずかった人々が、同じく知足（兜率天）に昇り、ともに竜華会に赴かんことを」と発願した。この火は、いまに至るまで絶えないという。（「日本高僧伝要文抄」所引「延暦僧録」）

天智天皇の時代に、なぜ弥勒信仰が栄えたかという問題はあとで考えることとして、これらの史料から、白鳳期の弥勒信仰をつぎのいくつかの類型に分けることができると思う。

（1）　現世利益的信仰の対象とされる場合。ここでは弥勒信仰本来の上生信仰・下生信仰は、直接問題にされていない。（史料（2）（3））

（2）　追善的性格の強い上生信仰の場合。ここでは死んだ人の兜率上生が祈念されるが、発願者自身の上生は、直接には希求されていない。（史料（1）（4））

（3）　純粋な意味での弥勒上生信仰の場合。（史料（5））

弥勒菩薩に現世利益を求めたり、あるいは兜率上生といっても追善的性格が濃厚なことは、当時の仏教信仰の一般的傾向と一致するが、ここで興味あることは、当時の弥勒信仰が、兜率上生を求める上生信仰として発達しており、下生信仰はまだ明確に現われていない点である。（5）の史料には、灯明が竜華会まで絶えぬよう祈念した一節があるが、天智天皇は、みずからの兜率上生と、会に列した人々も同じく兜率に昇り、のちに竜華会に赴くことを願っているから、これは弥勒上生信仰が本来内蔵している弥勒三会の思想を示すもので、純粋な下生信仰と考えることはできないであろう。天智天皇は、弥勒経上中下十部を書写して兜率上生を祈念したというが、当時は、弥勒三部経なども、その機能において明確に区分して意識されていたわけではなく、一括して上生信仰にむすびつけて理解されていたのかもしれない。

奈良朝の弥勒信仰

こうした天智朝の弥勒信仰受容の傾向は、以後の律令社会でも、本質的変化はなかったようである。目的の不明な写経や造像の場合を除いて、奈良朝末期に至る間の弥勒信仰関係の史料を年代順に記してみよう。

（6）　天武九（六八一）年、皇后（のちの持統天皇）の病平癒のため、薬師寺を造り、西院に弥勒浄土を描いた障子を安置した。（「扶桑略記」）

（7）養老五（七二一）年八月、藤原不比《ふひと》等の一周忌に、夫人橘三千代は、興福寺中金堂に弥勒浄土変を作った。（「興福寺流記」所引「天平宝字記」）

（8）同年八月、奈保山太上天皇（元明）、飯高天皇（元正）も、右大臣長屋王に勅して、藤原不比等忌日のため、興福寺北円堂を造り、弥勒像を安置した。（「興福寺流記」所引「延暦記」）

（9）養老六年十二月、天武天皇追善のため弥勒像を造った。（「続日本紀」）

（10）神亀五（七二八）年五月十五日、右大臣長屋王は「大般若経」六百巻を書写したが、その願文にいう。「この善業をもって登仙の二尊（すでに没した両親）の神霊に資し奉り、おのおの本願にしたがって上天に往生し弥勒に頂礼し、あるいは浄域に遊戯し弥陀にあい奉り、ならびに正法を聴聞してともに無生の忍を悟らんことを。またこの善根をもって、聖武天皇ならびに開闢以来の代々の帝王を三宝は護りたまい、この世に生きるものは栄達して長寿を保ち、すでに死せるものは浄土に生まれ、天上に昇り、法を聞き道を悟り、善を修め覚りをなさんことを。」（「寧楽遺文」六一一頁）

（11）天平二（七三〇）年二月十日、飛鳥寺の僧賢証は、七世父母などのために「瑜伽論」を貢した。「仰ぎ願わくは、現在の身を千秋の林に停め、心神を万春の団（園カ）に凝し、かろやかな舟を三会の津に設けて生死の海を渡り、人々とともに無上の覚りに登らんことを。」（「寧楽遺文」六一一頁）

(12)　天平二年八月、石川年足は、亡父左大弁石川石足のために、「弥勒経」十部を写した。「願わくは、かならず都史多天（兜率天）に往生し、慈氏に仕え、正法を聴聞し、覚りを得んことを。」（「寧楽遺文」六一二頁）
(13)　天平二年完成した興福寺五重塔には、光明皇后発願により、東方薬師・南方釈迦・西方阿弥陀・北方弥勒の、四浄土変を安置した。（「興福寺流記」所引「天平宝字記」）
(14)　天平三年八月、倉橋部造麻呂は、神亀五年に没した弾正台小疏片倉連僧麻呂のため、薬師・弥勒の像を描いた。（「寧楽遺文」六一二頁）
(15)　天平十年六月二十九日、出雲国守従五位下石川年足は、「観弥勒菩薩上生兜率天経」を書写したが、その跋語にいう。「年足は、父母の慈願と永くへだたり、きわまりなき父母の恩を空しくなつかしむばかりである。その忌日にのぞめば、まさに終身の感がある。功徳を積んで良因を得ようと思い、ここに弥勒像一体を造り弥勒経十部を写した。願うところは、兜率天において、真の勝業を得んことを。」（「寧楽遺文」六一五頁）
(16)　天平十五年五月十一日、仏弟子藤三女（光明皇后）は、二親（不比等と三千代）の亡魂のために一切経を写した。「二親の尊霊、浄域に帰依し、影を都史の宮に曳き、覚林に遊戯し、摩尼の殿に昇魂したまわんことを。」（「寧楽遺文」六一八頁）
(17)　「解深密経」の跋語にいう。「神護景雲四（七七〇）年二月三日、錦日佐使主麻呂、発願して

「瑜伽論」一部を写す。七世父母六親眷属慈悲の父母、兜率天浄土に往生し、弥勒菩薩にあいみんことを。」（「寧楽遺文」六三八頁）

(18)　宝亀二（七七一）年十月、西大寺兜率天堂を建てた功により、正六位上英保首代作に従五位下を授けた。（「続日本紀」）

これら史料に現われた弥勒信仰の性格についてみると、(6)は現世利益的信仰、(7)(8)(9)(10)(12)(14)(16)(17)は追善的な弥勒上生信仰、(13)(18)は、兜率天を模した寺院や浄土変であるから、やはり弥勒上生信仰の現われとみるべきだろう。(15)は、年足の父母追善か、年足自身の兜率往生か、文意がはっきりしないが、井上光貞氏・米沢康氏などにしたがって、一応、純粋な自己救済的な弥勒上生信仰としておこう（井上光貞『日本浄土教成立史の研究』二四頁、米沢康「石川朝臣年足の生涯と仏教」『日本仏教』五号）。最後に(11)についてみると、これは前半の文から追善的信仰であることがわかるが、「六度の軽舫を三会の津に設け」という一節は、三会値遇を願う下生信仰のようにもとれる。しかしその一方には、「現在の身を千秋の林に停め、心神を万春の園に凝す」という、かつて大屋徳城氏が、仏教的というより道教的だと評した一節もある（『寧楽仏教史論』三七四頁）。井上光貞氏のように、これを上生信仰と解するのは困難であるし（井上前掲書、二三頁）、また後生の純粋な下生信仰とも異質的であり、道教的神仙思想的な特殊な例としておきたい。

奈良朝の弥勒信仰は上生信仰

以上のように、奈良朝末（八世紀末）までの日本の弥勒信仰は、現存する史料によるかぎり追善か否かを問わず、兜率上生を願う上生信仰が圧倒的で、三会値遇を願う下生信仰は認めることができない。

前にのべたように、松本文三郎氏は、弥勒三部経の成立年代研究の結果、インドの弥勒信仰では、まず下生信仰が成立し、その未来性にあきたりぬところから、上生信仰がつづいて発生したと論じている（『弥勒浄土論』九〇、一二六頁）。しかし弥勒三部経がほぼ同時に伝来したと思われるわが律令社会では、以上の史料から明らかなように、下生信仰の段階をへないで、まず上生信仰が発達したのである。そこでは下生信仰の存在すら疑わしく、私は、奈良朝末期までの律令社会の弥勒信仰は、上生信仰と同一視して決してあやまりでないと思うのである。

どうしてわが律令社会で下生信仰が発達しなかったのかは興味ある問題だが、おそらく下生信仰のはなはだしい未来性が、現実的な律令貴族の性格とあい入れず、また、すでにのべたように上生信仰がその帰結として三会値遇の思想を本来内蔵している以上、兜率上生を願望するうえ、さらに三会値遇のみを切りはなして希望することは、特にその必要がなかったためであろう。あとでのべるように、院政期（十一世紀）以後の純粋な下生信仰の発達が、兜率上生否定の思想のもとでみられることは、逆にいえば、上生信仰隆盛のもとでは兜率上生と切りはなした三会値遇の信仰が発達しないということを、うらづけているように思われるのである。

橘奈良麻呂の弥勒会

いままで私がのべたような考え（弥勒下生信仰が奈良朝に存在しないということ）は、漠然とではあるが、従来の学界でも認められていたようである（たとえば、山田文昭『日本仏教史之研究』一五〇頁）。ところが、こうした考えに対して、近年、前川明久氏によって、興味ある新説が発表された（「橘奈良麻呂と弥勒会」『続日本紀研究』七ノ七）。

天平宝字元（七五七）年七月二日夜、ときの権力者藤原仲麻呂一派を政界から追放しようという大規模なクーデター計画が発覚した。これが奈良朝政治史で有名な、橘奈良麻呂《たちばなならまろ》の乱である。奈良麻呂は橘諸兄《もろえ》の子で、藤原仲麻呂が孝謙女帝とむすんで政権をもっぱらにするのをよろこばず、「東大寺造営によって人民辛苦す」と称して、反藤原の人々を語らって挙兵しようとした。しかし密告によって計画は失敗し、奈良麻呂はじめ主謀者の多くは投獄のうえ杖で打ち殺され、これに連座して死刑・流刑に処せられたもの四四三人におよんだという。

ところで、この事件の前年の天平勝宝八年に、奈良麻呂が志賀寺で弥勒会をはじめたということが、「今昔物語」や「栄花物語」にみえる。志賀寺というのは、前掲史料（３）（５）にみえる崇福寺のことで、古来、弥勒信仰の一中心地の寺であった。前川氏は、この弥勒会が、反乱の前年に行なわれたところから、奈良麻呂の反乱準備となんらかの関係があるのではないかと考えたが、そこで氏が注目したのは、前章でのべたように、多くの中国の反乱が、弥勒下生を思想的よりどころとして行なわれた点である。氏は、下生信仰が大陸にある以上、当然日本にも伝来していてよいはずであり、崇福寺での奈良麻呂の弥勒会とは、貴族の革命信仰としての弥勒下生信仰により、反乱の成功を祈念し、またその共同謀議を行なった会であったろうというのである。

前川氏の説は、中国では盛んだが古代の日本にはその例がないと考えられていた弥勒下生に仮託した反乱を、奈良麻呂の乱に想定したものとして興味深い。しかし私は、やはり氏の説には疑問をいだかざるを得ないのである。

まず、この弥勒会の記事が、「続日本紀」など奈良時代の史料に全く現われず、十一世紀の「栄花物語」ではじめて出てくる点から考えると、奈良麻呂が弥勒会を行なったということ自体、疑わしいであろう。しかも、こうした史料の信憑性や弥勒会と反乱の関係などを、すべて前川氏のように解し得るとしても、この奈良麻呂の弥勒会をもって、ただちにわが国における下生信仰の成立とみるのは困難ではなかろうか。

なぜなら、本来の意味での弥勒下生信仰とは、個人が未来世において弥勒三会に列し、無上の覚りを得んと願うもので、平安中期以後のわが国の下生信仰も、まずそうした立場で成立したのである（Ⅳの1参照）。これに対し、奈良麻呂の弥勒会は、もし前川氏の説かれるような内容であるとすれば、個人の未来信仰とは異なる、はなはだしく呪術的な性格であったと思われる。したがって、奈良麻呂が反乱を弥勒下生に仮託したのが事実としても、それは変質した大陸の下生信仰の形を、ただ大陸の反乱の一つの方法として、そのまま借りて行なっただけで、以後のわが国の自己救済的な弥勒下生信仰とは関係のない異質的のものである。もちろん、あとでのべるように（Vの2参照）、わが国でも中世以後には、弥勒下生信仰の現世信仰化——ミロクの世の到来——が行なわれるが、それは平安末期の民間下生信仰展開の流れで必然的に現われたもので、この弥勒会と系譜的に関係のないことは、いうまでもない。

したがって、弥勒下生信仰を、日本の弥勒信仰の流れにおいてとらえる場合、律令社会に下生信仰が存在しなかったという私の考えは、前川氏の論旨によっても、かならずしも否定されないのではないかと考えるのである。

民衆の弥勒信仰

いままでのべたのは、奈良時代でもおもに貴族社会の弥勒信仰の性格である。これに対して、同じ時代の一般民衆は、どのような弥勒信仰をいだいていたのであろうか。このことは、実は、残っている史料がほとんどないので、正確に知ることはできないのだが、平安時代のはじめ（だいたい弘仁年間）に成立したと思われる説話集「日本霊異記」に、奈良朝末期の民衆の信仰を反映したと思われるいくつかの説話がある。

紀伊国那賀郡弥気《みけ》の人信行《しんぎよう》は、私に出家し、頭をそり袈裟をつけて修行していたが、その里に一つの道場があった。それは村人たちが自分たちで作った堂なので、弥気の山室堂とよばれたが、正式の名は慈氏禅定《ぜんじょう》堂というものであった。その堂には、未完成の弥勒菩薩の脇士の像が二体あった。信行は、おれた像の腕を糸でしばりつけておいたが、宝亀二（七七一）年の秋七月の夜、「痛い痛い」という女のような声がした。信行が起きてみると、声を出しているのは、その脇士の像であった。（下ノ一七）

慈氏禅定堂というのは、弥勒菩薩が瞑想修行している堂という意味で、要するに弥勒を本尊とした堂である。この堂は、村人たちが自分たちの力で建てたというのだから、地方の民衆の間でも、弥勒菩薩崇拝は行なわれていたのであろう。美濃国武義郡池尻には、天武朝当時から地方豪族による弥勒寺が建立されていたともいわれる（鶴岡静夫「飛鳥仏教の検討」『南都仏教』八）。しかし「日本霊異記」に現われた弥勒菩薩の説話は、この説話や、あるいは盗人が弥勒金銅像を盗んで石でこわそうとしたところ弥勒が「痛い痛い」とさけんだという説話（中ノ二三）のように、単に仏像の奇瑞霊応を示すものが多い。やや弥勒への信仰を示しているといえるのは、つぎの説話くらいであろう。

近江国坂田郡に富んだ人がいて、「瑜伽《ゆが》論」（弥勒が説いたと伝えられるもので、法相宗で重んじられた）を写そうと発願した。家財は散じ、生活にも困るようになり、かれは妻子を捨てて家を離れねばならなくなったが、なお願を果そうと心にかけていた。ところが天平神護二（七六六）年九月、ある山寺にとまったところ、柴の枝の上に、弥勒菩薩の像が忽然と姿を現わした。人々は伝え聞いてその像に参拝し、米や銭や衣をたてまつった。そこでこの財物で、本願のごとく「瑜伽論」百巻を写し、無事斎会を設けたところ、やがて弥勒像は姿を消してしまった。まことに知る、弥勒は高く兜率天上にあって、願に応じて奇瑞を示し、願主は苦悩に満ちた人間界にあって、深くこれを信じて祐《さいわい》を招くことを。（下ノ八）

この説話をみれば、民衆が弥勒菩薩に期待したものは、きわめて素朴な現世利益的欲求であり、いわゆる上生信仰すら、ここには成立していなかったのではあるまいか。民間に弥勒上生信仰が一応の展開を示すのは、平安中期（十世紀）の浄土思想の高潮期を待たねばならなかったのである（Ⅱの2参照）。したがって、仏教伝来から平安初期に至る間の律令社会の弥勒信仰の性格や受容の問題は、律令貴族社会のそれに限定して考えても、おそらく大過ないと思われるのである。

奈良朝の浄土思想と弥勒信仰

すでにのべたように、律令社会の弥勒信仰では、上生信仰が主流をなしていたのであるが、こうした弥勒上生信仰は、当時の浄土思想の中で、どのような比重を占めているであろうか。かつて家永三郎氏は、奈良時代に往生の対象とされた浄土として、弥勒・阿弥陀・無勝・盧舎那（華厳）の四つの浄土をあげたが（『上代仏教思想史研究』二五六頁）、これらの中で大きな比重を占めたのが、弥勒浄土と阿弥陀浄土であることは、いうまでもない。

井上光貞氏は、奈良時代の写経の跋語や金石文に記された浄土名を整理して、浄土観の推移をみようとした。それによると、奈良時代前期（天平末年まで）では、弥勒浄土が四、阿弥陀浄土が二、弥勒・阿弥陀浄土の混在したものが二、であるのに対し、後期では、阿弥陀浄土五、弥勒浄土一、となる。また、藤原氏の氏寺で、当時の代表的大寺院である興福寺の造像についてみれば、奈良前期は、弥勒像二、阿弥陀像〇、後期は、弥勒像二、阿弥陀像一〇、であるという（『日本浄土教成立史の研究』八〜一一頁）。つまり、わが国の浄土思想では、天平末ころまでは、弥勒信仰が阿弥陀信仰を明らかに凌いでいたが、奈良後期になって、両者の関係は逆転したと考えられる。

こうした両信仰の推移が、一面において、大陸仏教の変動の影響によることは疑いない。すでにのべたように、中国竜門の造像数をみると、北魏時代は、弥勒三五、阿弥陀（無量寿）八、だが、唐の時代には、阿弥陀一一〇、弥勒一一、と、阿弥陀信仰が圧倒的になる（三三頁表参照）。井上光貞氏は、こうした竜門造像の変化とわが国の場合を比較し、弥勒から阿弥陀へという、わが律令社会の信仰の推移は、大体において、大陸の信仰の傾向そのままの反映であると結論している。

しかしながら、弥勒上生信仰が、わが国でまず発達したのは、大陸仏教の影響によるのは当然ながら、やはり律令社会に受容されやすいなんらかの特長を有していたためではないかとも思われるのである。

井上光貞氏の分析したところによると、当時の阿弥陀信仰は、その実体において、欣求浄土というよりは死者追善儀礼の変形にすぎなかった。つまり、当時の人々が、仏像を造り経典を写して願ったのは、「七世父母所生父母」といった先祖の冥福であり、当時の浄土教は、祈願者自身の死後の浄土往生祈念ではなく、家を中心とする祖先の追善、いわば祖先崇拝なのである（井上前掲書、二〇～二七頁、竹田聴洲『祖先崇拝』）。もちろんこれは、当時、阿弥陀信仰に限ったことではなく、弥勒信仰でも一般的だったのであるが、ただ弥勒信仰の場合は、阿弥陀信仰のように追善的な性格だけではなく、「欣求上生」といった、浄土信仰本来の意味での受容の例もみられるのである。

たとえば、史料（5）では、天智天皇が兜率に生ずることを願ったとあるし、（15）でも、石川年足自身が、兜率天に昇って上真の勝業を得ることを願っている。（4）の史料にしても、一応追善的な形をとってはいるが、「汝の誓願のごとく……兜率陀天上に到り」とあるから、藤原鎌足自身が上生信仰をいだいていたのも事実であろう。こうしたいくつかの例は、律令社会と弥勒信仰の、なんらかの深い関係を示唆しているのである。

そうした意味で興味深いのは、律令官僚石川年足（六八八～七六二）の弥勒信仰であろう。石川年足は、藤原武智麻呂（不比等の長子）の従兄弟にあたる従三位左大弁石川石足の子である。年足は、名門の出であるのに、その出世はひどくおくれ、やっと官僚として一人前の従五位下出雲守になったのが四十八歳、正五位上となり地方まわりから解放され中央勤務になったのは、天平十八年、実に五十八歳のときである。かれがこのように不遇だったのは、藤原氏に近いところから、当時の橘諸兄政権のもとで冷遇されたためらしい。やがて、藤原仲麻呂の権力が橘氏を圧倒するとともに、天平の末を境として、年足は急速な昇進をはじめるが、興味深いのは、かれの弥勒信仰が、官人として不遇な前半生で盛んで、順調に官僚としてのエリートコースにのる後半生では消えてしまう点である。

天平二年の父石足の追善（史料（12））、天平十年の自己の往生祈念（史料（15））、あるいは天平十一年の「大般若波羅密多経」の書写など、いずれもかれの不遇時代の産物であり、「昇叙の期待空しい年足の失望・焦躁・祈念等々の感情が、反面において弥勒の浄土への傾倒をはぐくんだとすれば言いすぎであろうか」という米沢康氏の評は、よく年足の信仰の本質をついている（「石川朝臣年足の生涯と仏教」『日本仏教』五）。石川年足の信仰は、当時の現実的な律令官僚たちの信仰のあり方の一つの代表といえよう。それはともかく、このように不遇時代の律令官僚石川年足が、阿弥陀信仰へは向わずに弥勒上生信仰を信奉したことは、やはりそれなりの理由があったのではないかと考えられるのである。

弥勒信仰発達についての諸説

弥勒信仰が阿弥陀信仰よりも律令社会に受容されやすかった理由については、おもな説として、辻善之助、伊野部重一郎、井上光貞の三氏の見解がある。まず辻善之助氏は、「兜率上生信仰が西方極楽往生の思想よりもわが国において早く発達したのは、それが天部であることによって、わが固有の神祇の思想との関係において入り易かったためであろう」と、固有の民族信仰との関係を重視する説をのべている（『日本仏教史』上世編、五九九頁）。北魏の弥勒上生信仰隆盛も、一つには、その上天思想が、神々の住む天上世界を求める一般的時代的信仰とともに受容されたためであろうというが（塚本善隆『支那仏教史研究』五七〇頁)、辻氏の説は、これと合せ考えると、固有信仰と仏教思想の関係において興味深いものである。

これに対して伊野部重一郎氏は、辻氏の説を肯定しながらも、「弥勒信仰の持つ呪術性、その阿弥陀仏よりも強い現世利益的性格が、律令国家の古代的性格と合致するものであったためではあるまいか。弥勒信仰の現世利益性は、また鎮護国家的仏教としての一面を担うことができたであろう」と、弥勒信仰に現世利益的性格の強いことを強調した(「弥勒信仰について」『高知大学学術研究報告』二ノ二、六頁)。

また井上光貞氏は、阿弥陀信仰が追善的内容に終始するのに対し、弥勒信仰に自己往生を求める思想のみられる点を指摘するとともに、

たとえば、具体的な歴史的な信仰形態として、兜率上生には厭離穢土に欠けているということが、一つの相違とはならないであろうか。追善的儀礼としての浄土教の変容とは、実は、「現世には果報を尽し、死後には地獄ではなく極楽に生れたいと願う」思想的背景のもとに考うべきことであるが、弥勒上生の思想は、実際信仰としては、このような二世安楽的要素をはじめから持っていたため、容易に受容されたのではあるまいか。

と、伊野部氏が弥勒信仰と律令国家の関係を重視するのに対し、受容者である律令貴族との関係に主眼をおいた説を発表した(『日本浄土教成立史の研究』二四～二五頁)。

このほか、一般にいわれることだが、教団との関係でみると、古来弥勒を重んずる法相宗が、奈良時代に盛んであったことも、大きな理由であろう（Ⅲの1参照）。

弥勒信仰がなぜ律令社会に受容されやすかったかという問題は、以上の諸点に説きつくされているといってもよいが、なお多少視点をかえて、律令社会・律令官僚と弥勒上生信仰の関係を考えることもできるだろうと思うので、その点をつぎにのべてみたい。

円珍の上表文

仁和三（八八七）年、延暦寺の年分度者《ねんぶんどしや》（大寺ごとに、毎年一定数、僧侶となることを公認されたもの）加増を請願した円珍（智証大師。寺門園城寺の祖）の上表文はつぎのようにのべている。

国の国たるは本《もと》より礼を設くるによる。人の人たるもまた礼を行なうによる。ゆえに書にいう。「人、礼あれば、すなわち安んじ、礼なければ、すなわち危うし。」経にいう。「人よく礼を行なえば、天上に生ずるを得る。」ここに知る。内経（仏教経典）外書（儒教の書物）礼をもって存立す。（「三代実録」仁和三年三月十四日条）

上表文は、さらにつづけて、延暦寺は最澄以来鎮護国家に努めてきたが、そうした鎮護国家仏教を行なう上で重要な年分度の制において、比叡明神の分の年分度者がまだ認められていないのは、「実にこれ、礼を欠くものである」として、年分度者加増を要求している。

要するにこの上表文は、律令国家に対して、鎮護国家仏教における年分度者の必要を、「礼」を媒介とする仏教と儒教の同一性を通じて主張したものである。もともと儒教的法秩序に立つ律令国家において、官人社会の秩序を保ち、さらにそれを百姓におよぼして王法を実現するという「礼」が、いかに重視されたかは、最近の石母田正氏の研究によっても明らかである（「古代法」岩波講座『日本歴史』四）。すでに聖徳太子の十七条憲法には、

群卿百寮、礼をもって本となす。その民を治むる本も、要《かなら》ず礼にあり。上《かみ》、礼なきときは、下《しも》、斉《ととのわ》ず。下、礼なきときは、かならず罪あり。これをもって、群臣礼あるときは、位の次（官僚秩序）乱れず。百姓礼あるときは、国家おのずから治まる。

とあり、大化改新の後も、大化三年に礼法をさだめ（「日本書紀」）、天智天皇の下では「礼儀」「五礼」をさだめたという（「家伝」、「懐風藻」序）。

このように律令国家が重視する「礼」であるからこそ、円珍は、その上表分で、年分度者を欠くことが「礼」を欠くことにつらなる危険を強調したのだが、その場合、よりどころとなった、「礼」に関する外書と内経は、それぞれなにを指すのであろうか。まず外書の方は、「礼記」曲礼に、全く同文の一節があるから問題ないが、経の「人よく礼を行なえば天上に生ずるを得る」という文は、おそらく経典の文そのままの引用ではなく、儒教用語の「礼」と一致させるため、これに類似した仏教用語を「礼」と改めて引用したものと思われる。そこで、これはあとにまわして、まず「天上に生ずるを得る」という部分に注目し、律令社会の仏教思想で、「天」「生天」ということばのもつ意味から、

考えてゆくことにしたい。

天とは兜率天

「三代実録」貞観十六年三月二十三日条に、貞観寺大斎会の模様を、「三摩地の法は、あたかも天上に修するごとく、三昧耶《さまや》界は、自然に下界に移る」と記し、あるいは「東大寺要録」巻九に、「天上に生ずるを得んと欲し、もし人中に生ずれば、つねに戒足を護るべし」とあるのは、下界に対する天上、人道に対する天道であって、特定の「天」を指しているのではない。むしろ一般には、こうした用い方が多いのだが、一方「東大寺要録」巻八には、つぎのような例もある。

仏子平崇、帰命稽首、仏言に曰く、「土を塗り、堂を補すの人、由《よ》ってその道を得る。草を除き、寺を掃くの輩は、これ天上に生ずるを得る。」纖芥の善、妙果虚しからざるものなり（ほんの少しの善行でも功徳はあるものだ）。

「生天」は「得道」と同じ内容をいっており、この場合の天も天道と解してあやまりではないだろう。しかし「弥勒上生経」の、

仏、優波離に告ぐ。これ名づけて弥勒菩薩、閻浮提において没し、兜率陀天に生ずる因縁なり。仏滅度の後、わが諸の弟子、もし精勤し、諸の功徳を修し、威儀欠ず、塔を掃い地を塗り、妙花をもって供養し、衆の三昧を行ない、深く正受に入り、経典を読誦せば、かくのごときの人まさに至心なるべし。（『大正新脩大蔵経』十四、四二〇上）

という一節を、これと合せみると、平崇願文の「仏言に曰く」という背景には、「弥勒上生経」の所説があって、この「天に生ずる」とは、具体的には、兜率上生を指しているのではないかとも思われるのである。

事実、「弥勒上生経」には、「生死を厭わず、天に生ずるを願う者」（『大正新脩大蔵経』十四、四一九下）、「いずれのときにか閻浮提において没し、かの天に生ずるや」（同四一九下）、「たとい天に生ぜざるも、未来世中、竜花樹下にまた（弥勒に）値遇するを得、無上心を発せん」（同四二〇中〜下）、また「弥勒下生経」にも、「弥勒聖尊、諸の天人と漸々微妙の論を説法す。いわゆる論は、施論、戒論、生天の論」（同四二二上）、「成仏経」にも、「いま諸人ら、生天の楽をもってのゆえならず」（同四二四下）とあり、弥勒三部経では、兜率天を「天」、兜率上生を「生天」と表現するのが、むしろ普通なのである。

こうした用例は、竜門造像銘によれば、北魏の弥勒信仰の願文にもみられる。

この弥勒像一区（軀）を造り、……天上諸仏の所に生ぜん（大和十九年、長楽王丘穆陵亮夫人尉遅氏為亡息造弥勒像記）

七世父母所生の眷属、亡者は天に生じ、生者は福徳のために、石の弥勒一区を敬造す（景明三年、尹愛姜等二十一人造弥勒像記）

願わくは、亡者は天上に上生し、弥勒仏に値遇せしめん（正治元年、高恩卿造釈迦文像記）

願わくは、亡者は天に生じ、弥勒に面《まみ》え奉らん（孝昌元年、敬善寺釈迦銘）

といった願文は、その一例である。

日本の律令社会でも、このように兜率天を単に「天」とよぶ例は、願文や説話などの中に、しばしば現われる。たとえば、奈良時代の例として、神亀五年の「長屋王大般若経願文」に、「おのおの本願にしたがって上天に往生し、弥勒に頂礼し、浄域に遊戯し、弥陀に面え奉り、……登仙の者は、浄国に生れ、天上に昇り」とあり、平安時代の例として、「法華験記」巻上二十六に、「天上に昇り、慈氏尊にまみえ」、同巻下八十六に、「まさに天上に生ずべし」とあり、「宇津保物語」俊蔭の巻でも、むかし兜率天に住んでいた天人たちは、「残れる業ほろぼして天上に帰るべし」と告げられている。こうした例がしばしばみえるのは、当時、天道の中で、兜率天がもっとも代表的なものと理解されていたことによるのであろうが、辻善之助氏がいわれるように、わが国古来の神祇信仰の天上思想とも関係あるのかもしれぬ。

いずれにしても、こうした用例をみたうえで、円珍の上表文をよむと、当然、この「生天上」も、兜率天上生を指しているのではないかと考えられてくる。では、「弥勒上生経」などには、「行礼」にあたるべき思想が含まれているのであろうか。

兜率上生と持戒

「弥勒上生経」は、兜率天上生に必要ないろいろのことがらをあげているが、それらをよんでもっとも注目されるのは、「持戒」の重視である。戒は、もともと釈迦が、外道《げどう》（仏教以外の宗教）の非行を、仏教徒に対して誡めたものだが、これを犯した場合の処罰の規定はともなわず、自発的な努力にまつことを特徴とする道徳的規範である。ことに小乗仏教では、五戒（在家の信者が守るべき、もっとも基本的な五つの戒。殺生せぬ。盗みをせぬ。邪淫せぬ。うそをつかぬ。酒をのまぬ）、八斎戒（在家の信者が、一日一夜を限って保つ出家の戒）、具足戒（出家したものが守るべき戒）などの持戒を重視する。

ところで、「弥勒上生経」では、

もし比丘（出家したもの）および一切の大衆、生死を厭わず、天に生ずるを楽《ねが》うものは、……この観をなすべし。この観をなすものは五戒、八斎、具足戒を持し、身心を精進にし……十善法（十種の善行。これを修するものは、人、天の世界に生れる）を修し、一々に兜率陀天上の上妙快楽を思惟すべし。（『大正新脩大蔵経』一四、四一九下）

八斎戒を受け、諸の浄業を修し、弘誓《ぐせい》の願を発すれば、命終るの後、……兜率陀天に往生するを得る。（同四二〇上）

もし兜率陀天に生ぜんと欲するものあらば、この観をなし、繋念《けいねん》思惟し、兜率陀天を念じ、汝ら、および未来世に福を修し戒を持するものは、みな弥勒菩薩の前に往生し、弥勒菩薩の仏の禁戒を持つべし。（同四二〇中）

摂受するところたるべし。（同四二〇下）

など、「修功徳」や「繫念」（心に仏を念ずる心念の一種）の前提に、まず「持戒」の必要性が強調されているのである（この点は、平岡定海氏も同説である。「日本弥勒浄土思想展開史の研究」四三一頁）。それは単に経典の説だけではなく、阿弥陀浄土教が発達するとともに、

兜率に往生するためには、戒をもって本とする。これに対し西方弥陀の本誓は、十悪五逆の輩を摂取するにある。末代の衆生は、ただ弥陀の本誓を信ずべきで、どうして往生し難い兜率天に期することがあろうか。（「好夢十因」）

という、兜率上生への疑問の声が生じたことからもわかるように、受容者にとっても、弥勒上生信仰は、「持戒為本」（戒を持つことを根本とする）の信仰として理解されていたのであった。

戒と礼

このように「持戒」は、弥勒上生信仰の根本をなすものだが、「特に仏の戒と儒の礼とは、道徳的規範として、多大の類似性を有する」のであり（大屋徳城『寧楽仏教史論』二九一頁）、中国ではすでに東晋の時代（三一七〜四二〇年）に、「儒教の礼と仏教の戒の調和に対する先駆的思想」が認められるという（常盤大定『支那における仏教と儒教道教』五八頁）。そうすると円珍の上表文も、仏教用語の「戒」を「礼」と儒教的表現に改めたもので、弥勒信仰の「持戒為本」の思想がその背景をなしていたのではないかと考えられるのである。

もちろん、こうした経典との文章上の類似だけで結論するのは危険で、円珍の、弥勒信仰への関心

の有無も問題になるわけだが、天台の弥勒信仰は円珍から明確になるといわれ、また園城寺の設立をめぐって、円珍と弥勒の関係を伝える説話も少なくないのである（伊野部重一郎「弥勒信仰について」『高知大学学術研究報告』二ノ二、三ノ二五）。こうした点から考えても、円珍が「弥勒上生経」の「持戒為本」思想を、その上表文に引用する可能性は、非常に高いと思われる。

いままで私は、円珍上表文に記す「天」が兜率天、「礼」が「戒」を意味しているのであろうということを、ながながとのべてきたのだが、この上表文の重要性は、実はつぎの点にあると思う。

大化改新から平安初期に至る律令社会では、その官僚制の精神的基礎を「礼」を中心とする儒教に求めていたが、その一方では鎮護国家の名のもとに重んじられていた仏教と、いかに矛盾なく帰一させるかが、当時の大きな関心事だったのである。円珍の上表文も、この点に着目し、「礼」と「戒」における両者の共通性を強調し、年分度者加増の必要性をのべたのであるが、もしそれが「弥勒上生経」の思想を背景としていたとすると、律令社会に弥勒上生信仰が強く支持された理由の一つは、弥勒上生信仰に、律令社会の儒教的側面に合致するものがあったためではないかと考えられてくるのである。

仏儒帰一

律令国家の儒教的側面についてここで詳しくのべる余裕はないが、大化改新の思想的基調が儒教に求められたことでも明らかなように、律令国家と、その官僚である律令貴族は、当初から儒教思想と不可分の関係にあった。こうした律令社会での儒教と仏教の思想的帰一については、戦前の仏教史家大屋徳城氏にすぐれた研究があるので（『寧楽仏教史論』二六五頁以下）、以下氏の研究にしたがってみてゆくこととしよう。

すでに聖徳太子の十七条憲法には、「篤《あつ》く三宝を敬え」という仏教思想の反面、「礼をもって本とす」などの儒教的条文もみられ、「仏儒併行」の精神がその基調となっているが、大化改新後、これがさらに進むと、単に併行にとどまらず、「仏儒帰一」がくわだてられるようになる。

こうした仏儒帰一の思想は、当然のことだが、まず中国におこった。礼と戒の帰一を図る思想が東晋時代にめばえていたことはすでにのべたが、北斉・北周から隋代に生きた顔之推《がんしすい》（五三一～六〇二年ころ）も「儒教と仏教はもともと一体である」とのべている（『顔氏家訓』帰心編）。ところがこうした思想は、唐代になるとむしろおとろえ、仏教諸派は、儒教を、「無因邪因の外道」と、おとしめたという（大屋前掲書二七六～二九〇頁）。

こうした中国の動向に対し、わが律令社会で、仏儒帰一がより一層真剣にくわだてられたのは、注目すべきである。山上憶良は、「貧窮問答歌」をはじめとする社会的な秀歌をもって知られる万葉の歌人だが、同時に、典型的な律令官僚でもあった。大宝元（七〇一）年、おそらくその漢文学の素養をかわれて遣唐少録として唐に渡り、帰朝後、伯耆守、筑前守を歴任した。大宰帥大伴旅人のもとで九州時代によんだ歌が、多く『万葉集』巻五に収録されている。憶良は、その中の「俗道（人間界の道理）の假りにあい、すなわち離れ、去りやすく、留りがたきを悲歎する詩」で、釈迦と弥勒の教え（仏教）は、まず三帰（仏法僧に帰依すること）五戒を開いて法界を化した。周公と孔子の垂訓（儒教）は、三綱（君臣父子夫婦の道）五教（父は義、母は慈、兄は友、弟は順、子は孝、であるべしという教え）をのべて邦国を済《すく》った。すなわち仏儒二教は、教えの導き方は二つだが、悟りを得ればこれ一つである。

と論じた。おそらく遣唐使として、したしく受けてきた儒教的倫理と、仏教思想の帰一を試みたのであろう。

石上宅嗣《いそのかみのやかつぐ》（七二九〜七八一）は、藤原仲麻呂を除こうとして一時失脚したが、のちに復官し、大納言に任じられた律令貴族である。かれは、私宅を阿閦《あしゆく》寺と名づけ、日本最初の公開図書館として有名な芸亭《うんてい》を設けたときに、

内外両門（仏教と儒教）は、もとは一体である。私は、家を捨て寺とし、仏法に帰すること久しいが、内典（仏典）を助けるために、（このたび芸亭を設けて）外書（儒書）を置くのである。

とのべている（「続日本紀」天応元年六月辛亥条）。大屋徳城氏によれば、それは六朝の仏儒一致論に思想的に胚胎するとともに、「調和の辺において、さらに一歩を進めた」ものであった。

こうした思想が平安貴族社会にもつづいたことは、摂関期の文人貴族たちの念仏結社勧学会の表白文に、「内外異なるといえど旨はこれ同じ」とのべられていることからも、うかがえるであろう（「朝

野群載」十三)。

このように仏儒帰一が、わが国で特に盛んに論じられたのは、それが単に貴族個人の信仰の問題にとどまらず、儒教的官僚制と鎮護国家仏教の両立を必要とする律令国家においてこそ、より重要な課題であったからにほかならない。養老六年の太政官奏が、「内典と外教は、道の趣は異なるといえ、才を量《はか》り職を揆《はか》る点、帰するところは同じである」(「続日本紀」養老六年七月己卯条)とのべたのをはじめ、国を治めるうえでの官人心得でも五戒と五常(仁義礼智信)を一々むすびつけて説明しているし(「続日本紀」天平宝字三年六月丙辰条)、奈良時代の大赦も、ときには儒教、ときには仏教の理念によって行なわれたのである(「続日本紀」天平宝字四年十一月丙辰、宝亀四年十二月乙未条)。儒道二教を排し、仏教の優越を主張した空海さえ、「五戒と五常は、名は異なるが義は通じている」とのべたが、それは大屋徳城氏もとかれるごとく、「これただ当時の大勢に順応したもの」であるとともに、律令国家のこうした思想への接近なくしては、新仏教の勢力拡大も不可能であったことを示しているのである(「秘蔵宝鑰」上、「十住心論」二、大屋前掲書二七五頁)。

律令国家と弥勒信仰

以上のような律令社会の思想的基調のもとで、円珍が、特に「弥勒上生経」を背景として仏儒帰一をのべたのは、弥勒上生信仰が、儒教思想の「礼」と通ずる「戒」を重視する点において、鎮護国家仏教としてのぞましい信仰と、律令国家に考えられていたためではあるまいか。

思うに、律令国家のいう仏儒帰一とは、儒教的立場から、仏教を鎮護国家的性格に規制することでもあった。律令国家・律令時代というよび方は、いうまでもなく律《りつ》と令《りょう》が基本法として社会を律していることから名づけられたもので、律は現在の刑法、令は民法・訴訟法に近いとされる。しかし、令の中でも、仏教に関する法律を集めた「僧尼令《そうにりょう》」は、ほかの令の条文と非常に異なって、終始、僧尼の布教活動や日常生活に関する禁令でうずめられている。家永三郎氏は、「僧尼令」制定の根本動機は、「周孔の教」つまり儒教の立場から、仏教を規制しようと意図したものであるとしている（『上代仏教思想史研究』一六三頁）。このように断言するのはなお問題もあるが、「僧尼令」制定後もあいついで発せられる法令（格《きゃく》）には、こうした色彩がより顕著にみとめられる。

仏儒帰一を論じた養老六年の太政官奏は、同時に、「近ごろ在京の僧尼は、あさはかな知識をもってたくみに罪福の因果を説き、戒律を練らず、いつわって都の人々を誘っている。このような行為は、聖教たる仏法をけがし、国家の道たる国法を虧《か》くものである」と、僧尼の反僧尼令的行為を激しく批判した。家永氏によれば、この太政官奏は、三宝をもって絶対とする仏法第一主義が、「僧尼令」制定によって儒仏同帰説にその席をゆずった例証というが（家永前掲書一八八頁）、儒教的立場からの律令国家の仏教統制は、このように戒律護持を強調するのである。

もともと小乗仏教の流れに近かった弥勒上生信仰の「持戒為本」の思想は、「沙門の行は戒律を護持するにある。この道に背くものは、どうして仏弟子などといえようか」「内典の門は、持戒を第一とする。もし戒を犯すものがいたならば、だれが仏法をひろめることができようか」「たとい本業（仏教）にくわしくても、戒律を習わぬものは採用しない」など、持戒を要求する律令国家にとって、好ましい信仰とうけとられたことであろう（『三代格』巻三、延暦十七年四月十五日太政官符。弘仁三年七月十日太政官符。『日本後紀』大同元年正月辛卯条。その他、『日本後紀』延暦二十三年正月丁亥条、二十四年十二月庚申条、弘仁三年四月癸卯条。）。

ここでふりかえって、日本の弥勒上生信仰の興隆期が、天智天皇の時代であったことを考えると、興味深いものがある。

天智天皇は、「周孔の教による政治改新にのみ専念」したと評される儒教的人物であり（家永前掲書一六九頁）、「近江令」とならんで「礼儀」「五礼」をさだめた（本書六八頁）。そうした天皇が、「ともに手に黄巻（儒教の書物）をとり、みずから周孔の教えを学んだ」親友藤原鎌足と同様、兜率上生を祈念したのは、決して偶然ではあるまい（前掲史料（4）（5））。天智天皇の子の大友皇子が、天皇の命で崇福寺を建て、丈六の弥勒像を安置したとか、天智天皇が当麻寺の弥勒像を刻ったとか、あるいは大友皇子が弥勒造像発願の功徳によって危難をまぬかれたとかいった、数々の後世の伝説も、天智朝と弥勒信仰の深い関係をものがたっているのである（『寺門高僧記』。『本朝続文粋』十一。『元亨釈書』二十八、禅林寺。『今昔物語』十一ノ三〇）。

弥勒信仰を、このように律令国家の儒教的側面から考えるならば、「大宝令」「養老令」の制定に功あった藤原不比等（鎌足の子）の忌日に特に弥勒浄土変・弥勒像が造られ（前掲史料（7））、「公務の閑には、ただ書物をよむのを悦《よろこ》びとした」（「続日本紀」天平宝字六年九月乙巳条）という奈良朝の典型的な儒教的官僚石川年足が、兜率上生を祈念した理由も、おのずと明らかになってくるのではあるまいか。

阿弥陀信仰の進出と弥勒信仰

以上、私は、従来の研究で比較的なおざりにされていた弥勒上生信仰と律令社会の儒教的側面との関係をみたのであるが、もちろん、律令社会の弥勒上生信仰隆盛の原因が、「持戒為本」の思想と、儒教的な「以礼為本」の思想との親近性にのみあったというのではない。伊野部重一郎氏や井上光貞氏の主張するように、弥勒信仰の呪術性・二世利益性が、律令社会に歓迎されたことも想像できる。要するに、律令社会における弥勒信仰隆盛の要因は、律令社会の種々の側面から多角的に説明できるし、そのように律令社会との結合が多角的であったからこそ、上生信仰は、律令社会の強固な支持を得ることができたともいえよう。

しかしこうした弥勒信仰も、天平の末を境として、数的には、阿弥陀信仰にその地位をゆずったようである。その理由は種々考えられるが、一つには、この時期に、道綽の「安楽集」や懐感の「釈浄土群疑論」のように、兜率に対し極楽の優位を強調する中国浄土教家の著書が盛んに伝えられた結果、さしも強力だったわが国の弥勒上生信仰も、一応の後退を余儀なくされたのではあるまいか。道綽・

懐感は、奈良時代後期から南都仏教に影響を強めるが、すでにのべたように、道綽は「安楽集」で、兜率が退処であることなど四点をあげ、また懐感も「釈浄土群疑論」で、両信仰を比較し、極楽の優、兜率の劣を主張している（二二一～二二三頁参照）。

しかし、こうした中国浄土教家の阿弥陀浄土優位説によって、わが国の弥勒上生信仰が一方的に衰えてしまったのではない。弥勒上生信仰は、阿弥陀信仰に一応首座をゆずったが、円珍の上表文からも明らかなように、律令社会に根強く存続していたのである。それは、すでに考察したように、弥勒上生信仰が律令社会と多角的に強くむすびついている以上、そうした律令社会の性格に本質的な変化が生じないならば、当然のことでもあった。

弘仁年間（九世紀はじめ）の「日本霊異記」は、「庶《ねがわ》くは、地を掃いてともに西方極楽に生じ、巣を傾けて同じく天上の宝堂に住まん」と記し、円珍上表文にほど遠からぬ貞観年間（九世紀後半）にも、「青蓮台上、弥陀にあい奉り、紫紺堂中、慈氏に親しく（説法を）承わらん」と、弥勒上生信仰は阿弥陀信仰とあいならんで盛んだったのである（「三代実録」貞観元年四月十八日条）。それは、わが律令社会において、中国の阿弥陀浄土優位説が、かならずしも決定的意味をもち得なかったことを示しているのであり、やがて摂関期の浄土思想高潮のもとで、弥勒上生信仰は、阿弥陀信仰とならんで、あらたな展開を示すのである。

Ⅲ　弥勒信仰の発達

1　天台・真言宗と弥勒信仰

九世紀のはじめ、最澄（伝教大師）と空海（弘法大師）があいついで唐から帰国し、天台宗と真言宗を開き、日本仏教は新しい時代をむかえた。いままでの鎮護国家・学問中心の南都六宗に対し、個人の救済を中心とする宗教が誕生したのである。

こうして、鎌倉仏教が成立するまでの平安時代約四百年の間、天台・真言の二宗は、日本仏教の主流をなしたのであるが、ではこれら二宗の弥勒信仰は、どのようなものであったろうか。

法華経と弥勒信仰

帰朝して天台宗を開いた最澄が、教義上でもっとも激しく対立し、論争をまじえたのは法相宗《ほっそうしゅう》の徳《とく》一《いち》（会津地方にいた大学者。藤原仲麻呂の子と伝えられるが、あやまりである）とであった。

日本の法相宗は、道昭（六二九～七〇〇）が入唐し、玄奘《げんじょう》（二六頁参照）に師事して唯識学を学び、これをわが国に伝えたのにはじまり、その後、玄昉《げんぼう》・護命《ごみょう》が出て、南都六宗の中でもことに勢力が強かった。ところで中国の法相宗は、玄奘によってインドから伝えられ、その弟子基《き》によって一宗として確立したのであるが、その系譜をたどると、唯識学を大成した歴史的人物としての弥勒（二六頁参照）から、「摂大乗論」を書いた無着、「唯識二十論」「唯識三十頌」などを書いた世親へとつづくインド瑜伽《ゆが》派の流れをうけついでおり、そうした関係で、はじめから弥勒信仰を重んじていた。

法相宗の弥勒信仰は、こうした祖師からの伝統とともに、宗派の重んずる「解深密経」に描かれる弥勒菩薩の修行態度が、禅定・観察による修行者としての立場を貫く法相僧のならうべきものとされ、あるいは法相宗が五性各別説《ごしょうかくべつせつ》（人が生れながらに有する性質は、声聞定性《しょうもんじょうしょう》、縁覚《えんかく》定性、菩薩定性、不定性、無性の五つの類―五性―に分れており、すべての人が成仏できるわけではないとする説）に立ち、菩薩定性と不定性の一部のみ成仏を認めるところから、修行者→菩薩（弥勒）→仏のコースが設定されていたため、盛んであったのであろうともいわれる（重松明久『日本浄土教成立過程の研究』四二頁）。奈良時代に、「解深密経」「瑜伽論」を写して兜率上生を願う人が多く（前掲史料（11）（17）、六九頁参照）、また法相宗の中心興福寺に弥勒造像の例の多いのも、奈良時代の弥勒信仰と法相宗の深い関係をものがたるのであろう。

最澄は、こうした法相宗の五性各別説、いわば成仏に対する差別主義を、すべての人に仏性はあり、すべての人は成仏できるという一乗主義の立場から、激しく批判した。しかし、それならば天台宗は、法相宗の重んずる弥勒信仰も否定したかというと、決してそうではない。最澄が空海に送った書簡の中には、「私は、あなたとこの世で縁をむすび、ともに弥勒に会うときを待ちたいものです」と記している。のちに天台座主となった円珍が「人よく礼を行なえば天上に生ずるを得る」と「上生経」を上表文に引用したことはすでにのべたし、円珍没後、その門下は、弥勒を本尊とする園城寺を本山として、天台の正統を主張した。

このように天台の人々が弥勒信仰に関心を有した理由は、天台宗が一乗主義のよりどころとし、諸経の中でもっとも重んずる「法華経」の中にも、兜率上生が説かれているからである。すなわち巻七の普賢菩薩勧発品には、

「法華経」を受持読誦し、その経義を解する人は、死後、千仏に手を引かれ、恐怖せず、悪趣におちず、兜率天上弥勒菩薩の所に往く。弥勒菩薩は三十二相（仏のそなえているという三十二のすぐれた姿かたち）があり、大菩薩衆がそのまわりを囲み、百千万億の天女と眷属がいるが、その中に生れることができる。「法華経」には、このような功徳利益があるのだから、一心にみずから「法華経」を書写し、また人々にも書写を勧め、受持読誦憶念して、経の説くごとく修行すべきである。

と記されており、兜率上生は、「法華経」の大きな功徳の一つとされている。その結果、天台宗が力を得た平安時代には、それまでの「弥勒三部経」「瑜伽論」「解深密経」などによる法相系の弥勒信仰

よりも、「弥勒三部経」「法華経」による弥勒信仰が盛んになり、「法華経」を受持信奉する人々（持経者）の兜率往生があいついで現われるようになる（Ⅱの2参照）。また末法思想が深まり、経典滅亡の危機が説かれるようになると、弥勒下生の世まで「法華経」を埋め伝え、その功徳によって弥勒三会に値遇しようという、埋経《まいきょう》の形による弥勒下生信仰も天台で盛んになる（Ⅳの1参照）。

このように、平安時代の弥勒信仰は、「法華経」を重んずる天台宗を一つの中心として展開してゆくのであるが、その詳細はあとでのべることとして、つぎに、平安時代弥勒信仰のもう一つの中心をなす真言宗についてふれることとしよう。

空海の弥勒信仰

延暦寺によって天台宗をおこした最澄に対し、空海は、高野山に金剛峰寺を建て、真言密教をひろめた。

空海の最初の著書である「三教指帰《さんごうしいき》」は、仏教を代表する仮名乞児《かめいこつじ》の口をかりて、

慈悲の聖帝（釈迦）が滅するときに印璽を慈尊に授け、将来、弥勒菩薩が成道すべきことを衆生に知らせた。それゆえ私は、旅仕度をして、昼も夜も都史の宮（兜率天）への道をいそいでいるのである。

とのべているし、「性霊集」巻八「藤左近将監、先妣のために三七の斎を設くる願文」でも、

ここでいう大師（仏）とは、ほかならぬ弥勒菩薩のことである。弥勒は、法界宮（胎蔵曼荼羅の

弥勒の座）に住んでは、大日如来（密教の本尊）の徳をたすけ、兜率天に居しては、釈迦如来の教えを盛んにしている。弥勒はすでに覚りを得ているが、いまかりに宸宮（東宮。つまり弥勒を、釈迦の王位を継ぐ皇太子にたとえた）におり、一切衆生をおのれの子として塗炭の苦しみから済度しているのである……先妣（死んだ母）は、朝《あした》に閻浮提（この世）を厭い、夕に兜率を願ったのであり、その身は花とともに落ちても、魂は香とともに（兜率天に）飛んだことであろう。

とのべている。前にあげた最澄の空海あて書簡と合せ考えても、空海が弥勒菩薩を信じ、兜率上生を願っていたことは推察できる（渡辺照宏、宮坂宥勝『沙門空海』一五頁）。

こうした空海個人の弥勒信仰は、やがて空海没後、空海は生身のまま高野山に入定《にゅうじょう》して弥勒の下生を待っているという、いわゆる大師入定信仰を生み、真言宗の弥勒信仰は、一種の祖師信仰の形で発達していくのである。

大師入定信仰

今日高野山を訪れる人々は、奥の院の香煙の前で一心に祈念する善男善女の姿をみるであろう。それは、空海は実際に死んだのではなく、弥勒の出世を待って入定したまま、いまなお衆生済度の活動をしているのだという信仰に支えられているのである。

そもそも入定ということばは、弘仁七（八一六）年に空海が、高野山を入定の処としていただきたいと朝廷に上表したことによる。この場合の入定は、禅定三昧《ぜんじょうざんまい》に入って静思黙考する、つまり座禅の意味で、空海はその後、毎年入定処である高野山へきて修行し、さらに出定《しゅつじょう》して都に帰ったのである（喜田貞吉「弘法大師の入定説について」『史林』五ノ二）。ところが、空海没後、空海の入滅を入定とよぶようになり、いつしか、単なる死とは異なり、永遠の覚りを得て不死の生命を得ることの意味へと発展していったのである。

もちろん大師の入定説というのは、空海没後すぐ生れたわけではない。空海の死の翌年、弟子の実慧が唐の青竜寺に送った書簡には、「承和二年季春、薪尽き火滅す。行年六十二、ああ哀しいかな」とあり、空海の弟子たちも、当時、師の最期をきわめて普通の意味での死と解している。六国史の一つである「続日本後紀」の記述はもっとはっきりしていて、承和二（八三五）年三月二十一日、空海は死んで荼毘《だび》（火葬）に付されたと明記している。

後世のいわゆる入定説では、空海は身体くずれず生けるがごとく巌窟内に座しているというのだから、さすがに正史である「続日本後紀」にこのように火葬を明記しているのには困ったらしい。そこで入定説に立つ「大師行状集記」や「元亨釈書」は、この「続日本後紀」の文章を引用する際、入定説と矛盾する荼毘の部分を故意にけずってしまった。史料改悪の見本のようなものだが、それはさておき、大師入定信仰が、空海没後すぐ発生したのでないことはまちがいない。ではそうした信仰がおこったのは、いつごろのことであろうか。

入定信仰の発生

明法博士惟宗允亮《これむねまさすけ》は、一条天皇のころ、当代ならぶものなしとうたわれた碩学だが、その著書「政事要略」（巻二十二、年中行事八月上、御霊会）には、つぎのような興味深い記載がみえる。

私は、寛弘四年、河内守となった。翌五（一〇〇八）年九月五日、大縣郡の普光寺に詣ったところ、僧幡慶は、夢に高野山に詣で、弘法大師にお会いしたと語った。大師は入滅ののちも、その身は乱壊せず、高野山におられる。まことに希代のことである。

これによると、空海没後百七十年をへた寛弘のころには、「空海は生身のまま高野山に入定している」という信仰が成立していたようである。こうした信仰は、もちろん真言の僧たちの熱心な祖師信仰に支えられて生れたのであろうが、一面では、これによって高野山の権威を高めようという意図も働いていたようである。

都から遠く離れた高野山は、空海没後衰退の一路をたどり、ことに正暦五（九九四）年の大火では、御影堂一つを除いて全山焼亡したという。僧たちは、その復興をたびたび官に乞うたが成功せず、長和五（一〇一六）年に高野山復興の祖というべき祈親上人定誉が登山した際、祖廟を拝そうとしても知るすべなく、苔を集め石火を切ってこれを燃やし、その火のとまるところをもって奥の院の廟所を知ったという話など、当時の高野山の荒廃を伝えてあますところない（「高野春秋」四）。こうした状態の高野山を復興するには、開祖空海とむすびつけ、高野山が霊地であることを主張し、政界の有力者に働きかけるほかなく、そこに、十一世紀はじめ、大師入定説がとなえられたおもな理由があったのではあるまいか。

小野《おの》僧正仁海《にんがい》は、東密小野流の祖で、祈雨にすぐれ、雨僧正とうたわれたが、一方では政界有力者に接近し、寺院経営の上でも非凡の才を発揮した人物である。ときの太閤藤原道長は、

高野山は、釈迦転法の迹《あと》、慈尊説法の庭である。ひとたびこの地を踏むものは、地獄・餓鬼・畜生の三悪道におちることなく、かならず三会のあかつきに遇うことができる。

という夢をみて、この由《よし》を仁海に問い、仁海の熱心な勧めによって、治安三（一〇二三）年十月、高野山に参詣した（『日本高僧伝要文抄』弘法大師）。そのときの模様は、『栄花物語』（うたかひ）によると、

道長が高野にまいって、大師入定のさまをのぞきみたところ、大師は髪青く、衣はいささかも塵ばみ煤けず、あざやかであった。大師は、ただ眠っておられるようであり、弥勒出世、竜花三会の朝には、驚き目ざめられるであろうと見えた。

という。以後、高野山は摂関家の援助によって繁栄するが、道長の高野山参詣は仁海の計画であり、そこで大師入定説が、高野山復興のために道長など政界有力者の支持を得る手段として利用されたことは明らかである。

大師入定と弥勒信仰

では、『栄花物語』に記すような、「空海は入定して弥勒の出世を待っている」という考え（『政事

要略」の入定観のさらに進んだ形）は、いつごろどうしてできたのであろうか。有名な「東寺文書」承和十二（八四五）年民部省符の案文《あんもん》（写し）には、空海の弟子実慧の奏上として、

大師は私に、「高野山で座禅する理由はほかでもない。弥勒出世のときを待つためである」といわれた。（「平安遺文」七六号）

という一節がある。しかし、空海に大師号がくだったのは延喜二十一（九二一）年のことだから、これは明らかに後世の偽文書で、承和当時、空海の弟子たちの間に、そのような信仰があったとは考えられない。

空海が弟子たちに、自分の死後のことをさとしたという「御遺告《ごゆいごう》二十五箇条」をみると、その第十七条に、

私は、眼を閉じたのち、かならず兜率天に往生し、弥勒慈尊の御前で（弥勒下生のときを）待ち、五十六億余年ののちには、かならず慈尊とともに下生して、弥勒に奉仕し、私の旧跡をたずねよう。また下生しない間も、雲の上から弟子たちの信仰をみまもっていよう。（『弘法大師全集』二、七九七〜八頁）

とある。これは、もっとも信ずべき伝記である真済の「空海僧都伝」にないため、空海没後しばらくしてから作られたものかと思われるが、それにしても、ここで説かれているのは、ごく普通の弥勒上生信仰である。空海は、死後兜率天上に往生し兜率天で弥勒下生のときを待っているのであって、高

野山で入定し弥勒の下生を待っているのではない。それが空海没後、長い間の弟子たちの信仰だったのである。

ところが前にのべたように、十一世紀はじめ、「空海は生身のまま高野山に入定している」という入定説が発生すると、空海は入滅して兜率天上に往生したのだという「御遺告」のような説は、これと矛盾することになり、高野山入定説と空海の弥勒願生説をむすびつけた形で、「空海は生身のまま高野山に入定して、弥勒の下生を待っている」という信仰が生れたのであろう。「政事要略」が、入定説を記しながら弥勒下生にふれぬ点から考えると、こうした信仰は、道長の参詣から、「栄花物語」の成立（一〇二九～一〇三三ころ）の間に、高野山関係者（おそらく仁海や祈親がその中心であったろう）によって、となえられはじめたのかもしれぬ。

しかし「栄花物語」の記載は、まだ、「空海の入定は、弥勒下生を待つためである」とまで断言しているわけではない。院政期の碩儒大江匡房《まさふさ》の「本朝神仙伝」（一〇九七年ころ成立）は、

弘法大師は、金剛峰寺で金剛定に入り、いまに至るまで生きておられる。はじめのうち人々は、鬢髪がつねに生えて、その姿のかわらぬのを見ることができたという。大師は、山の頂をうがって底に入ること半里ばかり、禅定の室を作られたのである。

と記すだけで、弥勒下生にはふれていないから、「弥勒下生を待って入定している」という説は、十一世紀の末までは、まだあまり一般的ではなかったのかもしれぬ。

ところが、康和五（一一〇三）年十一月、高野山大塔供養の願文をみると、

高野山は、弘法大師が慈尊出世に値《あ》うため、久しく禅定をむすんで入定した地である。（『大日本史料』三編の七、二七八頁）

と明記されている。またこの翌年に没した経範の「大師御行状集記」は、「御遺告二十五箇条」を引用する際、その第一条の「われ入滅せんとするは今年三月二十一日寅剋なり」という文の「入滅」を「入定」と書きかえ、さらに、前にかかげた第十七条の文章も、

私は入定の後、かならず兜率天に往生し、弥勒慈尊の御前で（弥勒下生の時を）待ち、五十六億余年の後、かならず慈尊下生のときに定を出て、弥勒に奉仕し、私の旧跡をたずねよう。

と、入定説の立場で書き改めてしまった。康和五年の願文にくらべてすっきりしないが、要するに、入定の後、肉体は高野山にとどめ、霊は兜率天に上り、弥勒下生のときには、この霊がもとの肉体にもどって定を出るということで、「御遺告」と高野山入定説をむすびつけたのである。こうして十二世紀のはじめ、大師入定信仰は完成したのであった。

入定信仰の普及

ところでこの時期が、のちにのべるように、民間における弥勒下生信仰の発達期と一致しているのは、注目すべきである。おそらく天台宗が「法華経」信仰による埋経の形で、民間の下生信仰をリードしていったのに対し、真言宗は、大師入定信仰という祖師信仰の形で、下生信仰の一方の中心とな

ろうとしたのであろう。いずれにしても、十二世紀の民間下生信仰隆盛のもとで、大師入定説は、はじめてひろく民衆の信仰をあつめた。当時の民間の仏歌を多く集めた「梁塵秘抄」（一一六九年以後成立）に、

三会のあかつき待つ人は　処を占めてぞ在《おわ》します　鶏足山には摩訶迦葉　や　高野の山には大師とか

と歌われたように、弘法大師は、弥勒に釈迦付属の衣を伝えるため、三会のあかつきを待って入定しているという摩訶迦葉（一八頁参照）とならび称せられるようになったのである。中世の高野聖の活動は、こうした信仰を全国にひろめたのであった。そうした入定信仰が、いかに隆盛をきわめ、近世初頭来日した宣教師たちに奇異の目をもってみられたかは、永禄四（一五六一）年のヤソ会士パードレ・ガスパル・ビレラの書簡によっても、うかがうことができる。

コンボーダーシと称へたる一人の坊主にあざむかれること多大なり。これにつき語るところによれば、悪魔の化身すなわち肉体をとりたるもののごとく、多くの罪悪を工夫し、また教えたり。（中略）また多数の壮麗なる寺院を建築し、はなはだ老いたるとき、地下に穴、すなわち家を造らしめ、みずから内に入り、もはやこの世にあるを欲せず、しかれども死するにあらず、休息するものにして、一億年ののち、日本に大学者出ずべく（弥勒下生のこと）、そのときふたたびこの世に出現すべしといい、穴を被はしめて、そのところに留まり、以来八百年なり。庶民は坊主を

大いに崇敬し、いまなお生存し、多数の人に現わると信じ、毎日かれに祈り、その穴に入りたる日参拝するもの無数なり。（異国叢書『耶蘇会士日本通信』上、四一頁）

こうした大師信仰は、近世以来の四国遍路の人々にうけつがれ、あるいは高野に参詣し入定説を一笑に付した近衛文麿が、入定の正しさを説く金山穆韶師に接し、その信念に感銘したと伝えられるなど（渡辺、宮坂前掲書、二一九頁）、今日に至るまで生きた信仰としてつづいているのである。

2　浄土教の発達と弥勒信仰

浄土教の発達

わが国の浄土教の発達については、井上光貞氏『日本浄土教成立史の研究』をはじめとして、きわめて多くの研究があるが、浄土教発達の時代的画期を、十世紀、すなわち藤原氏が政権を独占した摂関時代のはじめに求める点では、おおむね一致している。

井上光貞氏の説くところによれば、この時代になって、地方では、平将門や藤原純友の乱に象徴されるように、律令国家の支配体制は解体の一路をたどり、社会不安はつのり、中央では、藤原氏のあいつぐ陰謀・クーデターによって、古来の名家は次々と政界から姿を消し、藤原北家が、天皇家の外戚として、独裁体制を確立しつつあった。経済的にみれば、藤原摂関家には全国から膨大な荘園が寄進され、かれらは一門の栄華を謳歌したが、それとは逆に、律令体制の解体、荘園の増加は、律令的な封禄制を破綻させ、中下層の貴族たちを経済的困窮においやることとなった。こうした摂関体制から疎外された没落貴族の間に、いままでにはみられなかった現世否定的な思想が発達してくるのである。

「源氏物語」をはじめとする摂関期の文学作品をよむと、「宿世《すくせ》」ということばがたびたび現われてくる。宿世とは、過去の業《ごう》の報いとして人々を支配するもので、「宿世などといふものは目にみえぬわざ」（「源氏物語」若菜）とあるように、それは予知することものがれることもできぬ、さだめられた運命である。源氏の須磨退去も、柏木の密通も、すべて「宿世の契《ちぎり》」であり、この世の人々は、「おのずから宿世宿世に人と成る」と考えられていた。要するに宿世とは、業《ごう》感縁起思想に立脚したもので、輪廻《りんね》思想と同一視してもよく、そうした宿世輪廻のもとにある現実が、いわゆる「無常」なのである。

律令的な身分秩序の崩壊、荘園をめぐる領主権の不安定性、たえまない貴族社会内部の権力闘争、そうした一連の動きは、繁栄をほこった前代の律令官僚の夢想だにしなかった宿命観を成立させた。みえざる手の動きにより、つねに交替と流転を余儀なくされる人々は、そこに宿世の存在、現世の無常を自覚した。すなわち十世紀における宿世・輪廻思想は、社会的変動によりたえざる不安にさらされた貴族たちが、こうした個人の運命をあやつる「みえざる手」を認識しようとするところに、深く自覚され、ひろく発達していったのである。

もともと輪廻（永遠に自己回転する再生の輪）の信仰は、仏教に先立つ古代インド人の世界観である。仏教は、輪廻なき現実の真相（法）を如実に観る（さとり）ことにより、こうした輪廻思想を克服しようとするものであった。しかし、インド人にとっては常識的な輪廻思想も、仏教説話の中にくみこまれて日本に伝えられると、いままで過去・未来についての統一的理解を知らなかった現世中心の日本人にとっては、人の生を現世から解き放し、過去と未来とに押しひろめる新しい信仰となった。克服さるべきであった輪廻の信仰は、その神秘的魅力をもって、逆に法の如実観にうち克ったのである。六道輪廻が、法の如実観によって夢散すべき妄想ではなく、確たる形而上的実在とされる限り、こうした輪廻からのがれるには、同じく形而上的実在である第七の世界――仏の浄土――を信じ、そこに摂取されることを願うほかはない。こうして日本の浄土教は、六道輪廻思想を基盤として発達するのである（和辻哲郎『続日本精神史研究』一八九〜一九五頁）。

思うに、十世紀における藤原北家の摂関独裁体制の確立は、摂関家以外の貴族の没落を必然的に生んだが、かれらは、こうした政治的経済的没落、治安の乱れ、あるいは文人貴族にもっとも大きな影響を与えたという家業の形成（歌道・陰陽道などの世界でも、このころから特定の家が独占するようになる）などの渦中にあって、時代社会を批判する一方で、こうした現世の不遇を「宿世」という輪廻思想で理解しようとした。同時代社会に対する侮蔑と諦念の中で、現世は厭離すべき穢土となり、六道輪廻の苦からのがれようと願う思想は、浄土教の発達を促した。摂関期の浄土教は、このように、十世紀の貴族社会内部の変動から生じたのであり、貴族社会の没落をもっとも深く体験し、もっとも鋭敏に反応した中下層の文人貴族を中心として、浄土教はまず展開し、ついで貴族社会全体、さらには民間へとひろまっていったのである。

＊この項について詳しくは、井上光貞『日本浄土教成立史の研究』第二章、薗田香融「慶滋保胤とその周辺」（『顕真学苑論集』四八）、速水侑『観音信仰』第二章第一節、参照。

兜率往生者の輩出

ところで、前にものべたように、わが貴族社会の信仰では、極楽往生と兜率上生が車の両輪のように併存していたのであるが、摂関期になってこのように浄土教が発達するとき、弥勒上生信仰はどのような展開を示したであろうか。無常観に貫かれた摂関期貴族社会の浄土信仰は、極楽往生願望にのみ向って、以前から阿弥陀信仰とならんで貴族社会の支持を得ていた兜率上生には一顧もはらわなかったであろうか。

ここで、貴族社会に多大の思想的影響を与える天台・真言・南都諸大寺などの僧侶の信仰についてみると、九世紀の末から、従来になく多数の弥勒上生信仰者が発生してきたことに気づくのである。いまそれらのうち、年代の明らかな場合についてだけ列記してみても、貞観十（八六六）年、元興寺別当明詮は、兜率上生の業を修するための院を建立し（「日本高僧伝要文抄」三）、延喜九（九〇九）年没した聖宝は、丈六弥勒像を造って兜率の内院に往生し（「聖宝僧正伝」「東寺長者補任」一）、同十八年没した天台無動寺の相応は、兜率内院に心をかけ、「法華経」をよんで弥勒に会うことができたという（「日本高僧伝要文抄」一、「法華験記」第五）。天慶元（九三八）年には、延暦寺東塔の法華三昧僧平仁が兜率内院に往生し、同三年、天台座主大僧都尊意は、「年ごろ極楽に往生することを願っていたが、この願いを改めて、兜率に生じようと思う」と称し、弟子一同に兜率の因をむすばせた（「日本高僧伝要文抄」一、「扶桑略記」天慶二年二月二十四日条）。また承平四（九三四）年、金峰山《きんぶせん》の僧道賢（日蔵）は、夢に兜率内院に入り（「扶桑略記」天慶四年三月条）、天暦元（九四七）年、醍醐寺座主壱定が没すると、淳祐以下四人の僧は弥勒の契印をむすび（「印璽口伝」下）、天暦年間には実性が多武峰《とうのみね》弥勒堂で法華三昧を修したと伝える（「多武峰略記」下）。

こうした弥勒信者の僧侶との接触を通じて、弥勒上生信仰が、摂関期貴族社会に展開したことは想像に難くない。比較的後世の史料であるが、村上天皇（～九六七）が、死後に批把大納言の夢に現われて「兜率最高、内院に帰す」と告げたとか（「古今著聞集」巻四）、子嶋寺を興した権少僧都真興が兜率天に昇って弥勒に会ったという評判がたつと、藤原教道や道長は都史宮（兜率天）になぞらえた道場を建てて真興を招き（「元亨釈書」十二）、あるいは一条天皇が、真興に「願わくは極楽の体を拝し奉らん」と請うたところ、真興は、たちどころに左右に兜率の内院を現わし、そのありさまは筆には尽しがたく、天皇は真興の験力に感じいった（「子嶋山観覚寺縁起」）などの説話は、摂関貴族社会における弥勒上生信仰隆盛の一端をうかがわせるのである。

勧学会貴族と弥勒信仰

しかし、ここでもっとも興味深いのは、阿弥陀浄土信仰成立の基盤をなしたとされる摂関期の中下層文人貴族の間でも、弥勒信仰が意外にひろく受容されていたらしいことである。たとえば「古今著聞集」巻四には、つぎのような説話がみえる。

天暦六年十月十八日、後江相公の夢に白楽天が現われた。……相公が、白楽天に「兜率天からおいでになったのですか」と聞くと、白楽天は、そうだと答えた。

後江相公とは、摂関期の文人、大江朝綱のことである。「本朝文粋」などに収められた大江朝綱の文章に、無常の述懐と西方極楽への思慕がみなぎっているとは、井上光貞氏も指摘したところだが（『日本浄土教成立史の研究』九一頁）、唐の詩人白楽天も、極楽往生をのぞんだ人物といわれる。大江朝綱と同時代に、中下層文人貴族の念仏結社勧学会《かんがくえ》が結成されたのは有名だが、勧学会は、かつて大陸で念仏結社を営んだ白楽天の影響を強く受けて成立したのであった（硲慈弘『日本仏教の開展とその基調』上、六四頁、井上前掲書九二頁）。もし当時の阿弥陀信仰が弥勒信仰と対立し、十世紀の貴族社会の浄土教の発達がそのまま阿弥陀信仰の発達であると考えるならば、この説話の内容は理解に苦しむであろう。もちろん「古今著聞集」は、鎌倉時代の説話集だから、この説話内容をそのまま信ずることはできぬかもしれぬが、それはそれとして、私は、摂関期貴族社会の浄土教の一面を、あんがいこの説話は正しく伝えているのではないかと思うのである。

勧学会が、当時の最も熱心な阿弥陀信者の結社であり、貴族社会浄土教をリードしていたことはいうまでもない。ところで勧学会のリーダーの一人大江以言が、任地の伊予国楠本ではるかに都の勧学会をしのび、土地は異なるといえども日は同じであるといって講経念仏の筵を設けたのは有名だが、そのときのありさまは「如来かさねて虚空に住み、さらに弥勒を寄せ、寿命の量るべからざるを説く」と記されており、勧学会で、弥勒が阿弥陀如来とならんで重んじられていたことを知るのである（「本朝文粋」十）。

しかし、こうした勧学会貴族の弥勒信仰を示す史料としてもっとも注目すべきは、中書王具平《ともひら》親王が慶滋保胤《かものやすたね》に贈ったという、つぎの古調詩であろう（「本朝麗藻」下）。

常に君（保胤）の前後に随《したが》うこと、あたかも弟が昆《あに》に与《したが》う如し。
願わくは、共に極楽に生じ、公（保胤）は、出家せぬ前も常に仏を念じ、言談のひまにも目をとじて仏号を唱えていた。私も公と同様、往生の願がある。 願わくは、ともに
慈尊に謁さん。公は天台源公（源信）と、慈尊に値遇する業を修した。私もたまたまこれに預った。

「慈尊に謁す」は「極楽に生ず」と対句《ついく》になっているから、貴族の願文によくみられる「上は兜率に往き、西は弥陀に遇う」（「本朝続文粋」十二）「横は弥陀に逢い、竪《たて》は兜率に往く」（「江都督納言願文集」五）などの表現の同工異曲で、兜率上生を意味するのであろうか。あるいは三会値遇の願望であろうか。いずれにしても、弥勒信仰が、往生極楽と対等の価値をもって併存していたのは明らかで

ある。

慶滋保胤は、陰陽《おんみよう》家として有名な賀茂忠行の第二子である。慶滋は、よししげともよむが、本来は賀茂と異字同義である。かれの生涯は、幸田露伴の小説「連環記」にいきいきと描かれている。伝えられるところによると、かれは才に富み文に巧なること当代絶倫、菅三品《かんさんぼん》（菅原道真の孫、菅原文時）の門下第一で、天徳・応和の間（十世紀なかごろ）、天下の士女で才子を語るもの、多く保胤の名をあげたという。そうしたかれが、筆を抛ち世を捨てたのは、薗田香融氏の説くところによると、当時、文人貴族の家々でおこった「家業の形成」という現象、つまり文章道や陰陽道などの世界で、個人の才能に関係なく、特定の家の嫡流が独占する傾向への反発という（「慶滋保胤とその周辺」『顕真学苑論集』四八）。保胤は、出家以前から勧学会のリーダーとして知られたらしいが、出家後は諸国をめぐって仏事を行なった。責め使われる牛馬をみれば悲泣し、大江匡房は「保胤の慈悲は禽獣にまでおよんだ」と記している。保胤の編した「日本往生極楽記」によると、かれは年少のころから弥陀仏を念じていたが、四十歳をすぎて、その志ことにはげしく、口に阿弥陀の名号を唱え、心に阿弥陀の相好《すがた》を観じ、行住坐臥これを忘れることはなかったという。

このように摂関期の文人貴族の中でもっとも熱烈な阿弥陀信者慶滋保胤が、摂関期の浄土教の聖書ともいうべき「往生要集」を書いた源信とともに、弥勒に会うことを願っているのである。こうした摂関期の浄土教の性格は、どのように理解すべきであろうか。

すでにのべたように、当時の貴族社会浄土教は、たしかに「無常観」「厭離穢土」といった貴族たちの思想の産物である。しかしそうした無常観や厭離穢土の思想が、どのようにして文人貴族たちの間に生じたかといえば、勧学会の貴族たちがみずからを「官職もなく俸禄もなく、家はひどく貧しい」「このごろ勧学会の人々の友人は、あるいは散位《さんみ》（官位はあるが定職のない人）あるいは無官である。いわんや勧学会につどう人々は、貧しくて、ただ仏道をもって心の支えとする人ばかりである」（「本朝文粋」十三「天台霞標」三）などと記しているように、摂関家の独裁、律令的封禄制度の崩壊にともなう社会的経済的不満、あるいは「累代（の家）は重んじられ、（新しく）家を起すものは軽んじられる」（「本朝文粋」六）といった家業独占への文人貴族の不満の上に成立したのであった。そうした社会体制への疎外感は、現世否定の浄土教を生むとともに、一面においては、逆に現世への強い執着ともなるのである。

一方で極楽往生を求めた大江朝綱は、他方では、「私の家は貧しく、親は年老いています。官のえりごのみはしませんから、どうか任命して下さい」と、官職さがしに必死だったし（「本朝文粋」六）、「官爵を運命に任《ゆだ》ねれば、天の工は均しい」と、一見超脱の境を示した慶滋保胤が、その実、理想とした「聖賢」の家とは、具体的には、「その家は富んでおり、その家の主人は長寿で、官位は永く保ち、子孫は絶えずにつづく」という、はなはだ現実的な内容であった（「本朝文粋」十二、池亭記）。

こうした摂関期貴族の浄土信仰は、当然「この世の楽しみに添えてものちの世を忘れ給うな」（「源氏物語」若菜上）という、現世肯定を前提とする二世安楽的思想に通ずるものであろう。弥勒上生信仰が、十万億土をへだてた極楽浄土よりも、はるかに現世に近い兜率天を往生の対象とし、しかも「現世安穏後世善処、その思ひとげしめ、……兜率天に生れたまうて娯楽快楽したまうべし」（「栄花物語」もとのしづく）とその二世利益を強調し、さらには弥勒下生に際しての現世への再誕を説くならば、それは一面において、阿弥陀信仰以上に貴族社会に歓迎される浄土信仰となり得たのではあるまいか。

永観二（九八四）年、冷泉天皇第二皇女尊子内親王のために、源為憲が著した「三宝絵詞」は、当時の貴族社会の仏教信仰の実態を示すものとして興味深い。死後の往生・転生について、「日本霊異記」の再録を除いてみると、弥勒菩薩を供養して「もろこしの御門《みかど》の王の子」になったのをはじめ、造像・写経などの功徳・果報により異国の国王・王子・長者に転生したという「この世」での安楽を説くものが多く、浄土往生の説話は非常に少ない。しかもその中では、「丹波国あまた郡くしたとの景遠は、大般若経を書写し、貸《いら》し米五十石で法華経を買い、この功徳で兜率内院に生れ」、天台座主そうねむは多くの塔を建てた功徳で、信濃清水寺の和有は金泥「法華経」を書いた功徳で、兜率内院にそれぞれ往生したなど、兜率天往生説話が三例を数えて最も多いのに対し、極楽往生の説話は一つもない。源為憲は、勧学会のメンバーとして文名高く、民間の阿弥陀布教者として有名な空也が没したとき、勧学会を代表して「空也誄《こうやるい》」を書いており、当時の代表的阿弥陀信者というべき人物である。

そうした為憲の「三宝絵詞」がこのような結果を示しているのは、二世利益、ことに現世再誕を希望する時代相のもとで、やがては現世に再帰できるという兜率上生の信仰が、阿弥陀信仰以上に貴族社会で歓迎されたことを、暗示するのではあるまいか。

往生要集の説

こうした勧学会の弥勒信仰との関連で問題とすべきことは、源信の「往生要集」が弥勒信仰についてどのようにのべているかという点である。

「往生要集」が平安貴族社会の浄土教を代表する書物として有名なことは、ここに詳しくのべるまでもあるまい。しかも「往生要集」は、単に源信の書斎の中で生れたのではない。源信は、勧学会、さらにそれが発展解消してできた二十五三昧会などの念仏結社と関係をもち（ことに二十五三昧会では、出家して寂心と号した保胤とともに指導的役割をはたした）、そうした浄土信仰・念仏生活の実践を背景に「往生要集」を書いたのである。それゆえ「往生要集」は、こうした念仏結社につどう貴族・僧侶にとって、念仏生活の指南の書としての役割をはたした。源信の在世中に没した聖全は、十五年間往生の業を修し、いよいよ臨終となると、「往生要集」に記す「臨終の行儀」にしたがい、この条をよむのを聞きながら世を去った（「拾遺往生伝」下）。源義光は、毎日、念仏一万遍を唱え、「法華経」二千部を誦し、その間かならず「往生要集」をよむのを習いとした（「後拾遺往生伝」中）。このように「往生要集」は、摂関期の貴族社会の浄土教ときわめて密接な関係にあり、また「念仏生活の指南の書」として、以後の貴族社会浄土教の性格を、永く規定したのである（井上光貞『日本浄土教成立史の研究』第二章第二節）。

さて源信は、「往生要集」の序で、「極楽往生のための教えと修行は、この濁りはてた末の代の人々にとって、大切な目や足にあたるものである。出家した人も俗にある人も、身分貴き人も賤しき人も、帰依せぬものはあるまい」と主張し、大文第一（いまでいえば第一章の意）厭離穢土《おんりえど》では地獄の惨をはじめとする六道の苦しみ、大文第二欣求浄土《ごんぐじょうど》ではこれと対照的な極楽の美を詳細に説き、人々に往生極楽の心をおこさせようとする。ついでかれは、大文第三極楽の証拠で、「極楽の（他にすぐれた）証拠を明らかにするには二つあり。一には十方に対し、二には兜率に対す」として、問答形式で、まず十方浄土（四方四隅上下、あらゆる方角にある諸仏の浄土）に対して極楽のすぐれた点をのべ、さらに兜率に対する極楽の優越を力説するのである。

極楽が兜率にすぐれるという根拠の第一は、懐感の「群疑論」に記す極楽と兜率の十二勝劣である。たとえば、極楽の化主《けしゅ》（化導する教主の意）は仏だが、兜率は菩薩で劣る。極楽は浄土だが、兜率は天だから欲界の一つで穢土である。極楽には女人がいないが、兜率は女人がいるからけがれている。寿命は、極楽は無限だが、兜率には限りがある。兜率は内院《ないいん》と外院《げいん》に分れ、内院に往生したものは退転（その位を失ってもとの下の位に転落する）しないが、外院は退転し輪廻をまぬかれぬ。極楽には全く退転ということがない。天には五衰（いわゆる天人五衰。天人が命終ろうとする時に示す五つの衰相。

一〇七～一〇八頁参照）があるが、極楽にはない。弥勒の名を称えると千二百劫の罪を除くというが、弥陀の名を称えると八十億劫の罪を滅す。ざっとこんな調子で、極楽が兜率にすぐれていることを列記する。

ついで源信は、懐感の説く往生の難易についての十五同義八異義のうちの八異義、すなわち極楽往生が兜率上生に比較して易行《いぎょう》（容易な修行）である八つの点をあげる。

一には本願の異。弥陀には引摂《いんじょう》の願があるが弥勒にはない。願がなくて往生するのは、自分で浮んで水を渡るようなもの（自力《じりき》）だが、願があれば、舟に乗って水にあそぶように容易だ（他力《たりき》）。二には光明の異。弥陀の光は念仏の衆生を照して摂取するが、弥勒には光がない。三には守護の異。阿弥陀には観音と勢至が侍しているが、弥勒にはいない。……六には滅罪の多少（前にのべた千二百劫と八十億劫の差）。七には重悪の異。五逆の罪（寺を破壊し経を焼き僧を殺すなど、仏教で考えられる五つの大罪）をおかすものも西方極楽には往生できるが、兜率には上生できぬ。……

このように論じたのちに、問答形式で、兜率上生者の反論を論破するのである。

問う。玄奘三蔵（二七頁参照）によると、「西方の道俗はみな弥勒の業をなす」という。天竺でも同様という。兜率天は現世と同じ欲界なので往生の行《ぎょう》が容易なのではないか。答う。西域の行者は多く小乗仏教の徒である。兜率上生は、大乗・小乗ともに説くが、極楽往生は、大乗は説き小乗は説かぬ。そのため三蔵は、西域がみな兜率を求めていると記したのではないか。しかし西域とちがって東の国々、中国や日本では大乗が盛んである。大乗と小乗をまじえて修行する西域をまねるべきではない。ことに念仏の教えは、（弥勒など）ほかの教えの滅びたのちの末代濁悪の衆生を救うものである。三蔵当時、天竺にはまだ盛んでなかったかもしれぬ。

問う。「心地観経」に、「われ、いまの弟子を弥勒に付す。竜花会の中に解脱を得ん」とある。これは釈迦が、兜率上生を勧めたのではないのか。答う。この経には竜花とあって、兜率とはいわぬ（これは上生信仰ではなくて下生信仰をのべたのである）。しかも、これを案ずるに、釈迦入滅から弥勒の出世に至るまでは五十七倶胝《ぐてい》六十百千歳（五十七億六千万年の意。普通は、はじめにのべたように五十六億七千万年といわれる）をへだつという。その間の輪廻の苦しみはいかばかりであろうか。どうしてこの世の生を終るとともに極楽の蓮《はちす》に生れることを願わずに、弥勒を信じて、悠々たる生死をくりかえす輪廻の世界に留まって、竜花会に至ることを願おうか。しかも、もし極楽に往生すれば、昼夜思いのまま、兜率の宮にも往来し、やがてはこの世に帰って竜花会で弥勒の説法の相手となることは、あたかも富貴にして故郷に帰るようなものである。だれか極楽往生を欣楽《ごんぎょう》せぬ人があろうか。

源信は、すでに大文第一厭離穢土で、天道の楽うべからざることを、忉利天《とうりてん》（第一図参照）を例としてのべている。

天道といってもいろいろなので、その中の一つの例でいえば、かの忉利天のごときは、快楽きわまりないとはいえ、命が終ろうとするときには、天人に五衰の相が現われる。頭の上の花鬘《はなかつら》はたちまち萎み、天衣は垢によごれ、腋の下から汗が流れ、両の目はくるめき、不快となる。この衰相が現われると、天女や眷属は離れ、いかになげき訴えても救ってくれるものはない。快楽のあとだけにその苦悩は地獄よりもはなはだしい。「正法念経」は、「天上より退こうとするとき、心に大苦悩を生ずる。地獄のもろもろの苦しみも、その十六分の一におよばない」と記している。……忉利天以外の五つの欲天にも、ことごとくこの五衰の苦がある。……まさに知るであろう、天上界もまた楽《ねが》うべきところでないことを。

兜率天は、忉利天同様、六欲天の一つなのだから、たとい内院に退落がないにしても、この論でいえば、極楽浄土に劣ることは明白である。それを大文第三で、改めて詳細に論難する必要があったのは、当時、兜率上生の信仰が、「往生要集」成立の背景をなした勧学会などの貴族たちの間に、強固に存在したことを物語るであろう。

この「往生要集」大文第三の問答を通じて、われわれは、当時の阿弥陀・弥勒両信者の主張をうかがうことができる。「兜率上生は、小乗の徒の信仰で、自力的で、末代の人々にはむずかしい。しかも兜率天は、浄土としては極楽に多くの点で劣る」というのが、阿弥陀側の主張である。それにもかかわらず、兜率上生が貴族たちに喜ばれた一因は、極楽の往相（往ききりで帰れない）的性格に対し、弥勒三会の際に現世に再帰できるという往還両相をかねた点にあったらしい。そこで源信は、極楽に往生すれば、兜率上生・三会値遇も容易だと主張し、貴族の弥勒信仰への欲求を正面から否定せず、そのまま阿弥陀信仰へ転換させようと努めているのである。

ところでさらに興味深いのは、こうした諸々の対比によって極楽の兜率に対する優越が決定したはずなのに、「往生要集」の結論は一転して、

もしも極楽以外の浄土と特別の因縁のある人は、ほかの浄土を求めるのもまたよかろう。みなそれぞれの意《こころ》の楽《ねが》うところにしたがうべきである。懐感法師も、「兜率を求める人は、西方極楽の行《ぎょう》をする人をそしるなかれ。西方に生れんと願う人も、兜率の業をそしるなかれ、おのおの性の欲《ねが》いにしたがい、情《こころ》に任せて修学せよ。たがいに浄土の是非を争うなかれ。もし他人の浄土をそしるならば、その人はすぐれたところ（浄土）に生れることができないのみか、三途《さんず》（地獄・畜生・修羅）に輪廻するであろう」といっているではないか。

と、なんら極楽往生の兜率上生への絶対的優越を強調するものではなくなっている点である。

そうした弥勒信仰との妥協的態度は、朝綱・保胤・具平親王のようなもっとも熱心な阿弥陀信者で、なお一方では兜率上生・三会値遇を願う摂関貴族社会では、やむを得ぬところだったのであろう。平岡定海氏も、源信が兜率劣位を主張しながらも、弥勒・弥陀の二仏往生の自由を終りに加えねばならなかったのは、貴族社会の二仏往生の傾向に反することができなかったものとしている（『日本弥勒浄土思想展開史の研究』五四六頁）。

しかも源信自身、保胤とともに慈尊に値遇する業を修していたし、「法華験記」によると、兜率天

からのむかえの天童に対し、「兜率天に生れ、慈尊にお会いするのは、善根きわまりないが、自分は極楽に生れることを願っています」と辞退しながら、「慈尊、力を加えてわれを極楽へ送れ。弥勒を拝すべし」と願ったという。すなわち源信は、極楽往生を願うとはいえ、それはなんら弥勒信仰の否定ではなく、むしろ極楽往生によって阿弥陀にも弥勒にも会えると考えていたというのであり、それが源信自身の思想でないにしても、当時の人々は、「往生要集」によって、源信の浄土思想をこのように理解していたことは明らかであろう。

空也と歓喜

さてここで貴族社会から目を転じ、摂関期の民間の弥勒信仰についてみよう。平安末期の阿闍梨皇円が書いた「扶桑略記」は、仏教中心の日本歴史書として有名だが、その中で、十世期の中ごろに空《こう》也《や》と歓《かん》喜《き》という二人の熱心な民間布教者がいたことを伝えている。

村上天皇の代に、京洛に僧がおり、その名を空也といった。……口にはつねに阿弥陀仏名を唱えたので、世の人は阿弥陀聖《ひじり》とよんだ。あるいは市中に住んで仏事に努めたので、市聖《いちのひじり》ともよばれた。嶮路を過ぎるときはこれを削り、橋がなければ橋をかけ、井戸がなければこれを掘った。……上人は遷化の日、浄衣をまとい香爐をささげ、西方に向って端坐した。……このとき、音楽は空に聞え、香気は室に満ちた。已上は「往生記」に出ている。

同じ代に、大和国に僧がおり、その名を歓喜といった。行住坐臥、つねに弥勒菩薩を念じ、兜率の内院に生れることを願っていた。つねに古い塔や寺をなおすのを好み、材木を曳くのに人夫を使うときは、みずから鼓を打って、「弥勒上生兜率天、四十九重摩尼殿」などと偈を唱え、人心を勧進した。老後の三年の間、かれの身のまわりは糞にまみれるなど狼藉をきわめたが、いよいよ没するときになると、自然と香が室にただよった。已上は「年代暦」に出ている。

空也の名は、源為憲の「空也誄」慶滋保胤の「日本往生極楽記」によって知られ、今日では十世紀の代表的民間布教者のように考えられている。それはもちろんあやまりではないが、そうした評価は、阿弥陀念仏布教に対する勧学会などの貴族の賞讃によるところが大きいので、実際には、空也以外にも多くの民間布教者が活動していたのである。兜率上生を勧進したという歓喜（兜率を訳すると歓喜・満足の意であるから、これによって名としたのであろう）も、そうした布教者の一人であったろう。

ところで「扶桑略記」は、空也と歓喜の伝を同一の形式でならべて記しており、明らかに、この二人による阿弥陀・弥勒両信仰の布教活動を、当時における民間布教の典型として象徴的にとりあげたものと思われる。しかもこの二人の布教は、阿弥陀・弥勒という相違はあっても、非常に類似しているのである。鼓を打ち偈を唱え人心を勧進したという歓喜の布教は、「空也誄」によれば金鼓錫杖を打ち法螺を吹いて勧進したという空也のそれと同じではないか。井上光貞氏は、源信に代表される貴族社会浄土教が、静的・観想的であるのに対し、民間の空也浄土教の特色として「狂躁的エクスタシアともいうべき」「シャーマニスティックな民間念仏者」の姿をあげたが（『日本浄土教成立史の研究』

法華験記の浄土

浄土（特に浄土の内容を明記せぬもの）	八
極楽・西方浄土	三四
兜率天	一三
忉利天	三
東方界	一
南方界	一

一二〇頁）、そうした空也浄土教の特色は、極楽往生と兜率上生をおきかえるならば、ほとんどそのまま歓喜の中にも認めることができるのである。

法華験記の人々

このように弥勒上生信仰は、摂関期の浄土信仰高潮のもとで、貴族社会でも民間でも、阿弥陀信仰とならんで発展したのであるが、そうした弥勒上生信仰の隆盛をもっとも雄弁に物語るのは、長久年間（一〇四〇～一〇四三）成立した「大日本国法華経験記」である。「法華験記」には、説話主人公の往生したいろいろの浄土の名がみえるが、その中で兜率天往生説話は十三を数え（「法華験記」五、一三、一六、一八、二三、二六、八〇、八六、九七、一〇四、一一二、一一九、一二九）極楽往生の説話にはおよばぬながら、他の諸浄土に比してぬきんでて多く、明らかに摂関期の往生浄土の信仰が極楽・兜率の両対象に集中していたさまを知ることができる。

そしてこれら兜率天往生の人々についてみると、大寺院の住僧、無名の持経者、深山の修行者、貴族とその子女、さらには在地の土豪など雑多で、当時、浄土教の洗礼を受けたあらゆる階層が抱括されている。それらの中でも、

長門国の阿武大夫入道修覚は、俗にある間、猛悪不善、殺生をこととし、いささかの善心もなか

った。その威勢は国に満ち、ほしいままに悪業を行なった。年老いて病を得、死にのぞんだので、僧侶が集まり「法華経」をよんだ。一人の持経者が、「この人（つねに「法華経」を読誦している人）が命終れば、千仏が手をひくので、恐怖せず、悪趣（六道の中でも、地獄・餓鬼・畜生などの悪道）に堕ちず、兜率天上の弥勒菩薩の所に往く」という文をよむと、死んだはずの阿武大夫はよみがえって、合掌して語った。「私は悪鬼に追われて冥道に向った。ところがこの『法華経』の文を誦したときに天の童子がきて、私を人界にもどしてくれたのである。」以後阿武大夫は出家入道し、「法華経」を一心によみ、道心堅固、種々の善根を重ねた。死後、親しい僧の夢に、阿武大夫は威儀をそなえて現われ、「われはいま妙法の力により、兜率天に生ずるを得た」と告げた（「法華験記」九七）。壬生良門は、坂東の地に生れ、夷蛮の境にあそび、弓矢をもって氈具とするという生活を送っていた。ところが空照という聖人がいて、良門に、「到りがたく去りやすいのは、六道の中でも現在われわれのいる人道であり、入りやすく出がたいのは、死後の三途であるから、人道にいるいまこそ善根を積まねばならぬ。あなたは殺生や放逸な生活をやめ、珍財をなげうって往生の菩提を営むべきである」と語った。良門はこの勧めにしたがって、悪を改め、殺生を禁じ、邪見な行ないをやめ、仏事を勤修した。金泥をもって「法華経」を写し、金色の仏像を造った。さらに今生のうちに金泥をもって千部の「法華経」を写そうという大願を発した。そこで財をもって砂金を買い求め、数十年にわたってこの願を勤めたが、供養のときには多くの奇瑞がおこった。良門は人々に、「天女数千が空からおりてくる。私は天女にしたがって兜率天に昇ろう」と語り終るとともに、合掌して没した（「法華験記」一一二）。

といった説話に注目されたい。かつての「猛悪不善」の人々も、悪心を改め、「法華経」を一心によみ、種々の善根を積めば兜率天に上生できるというのである。こうした自力作善《じりきさぜん》による兜率上生の信仰と、すくなくとも当時における自力作善の性格が強い諸行《しょぎょう》往生的な阿弥陀浄土信仰との間に、なんの差異があろうか。

「叡岳要記」巻下の華台院の条は、つぎのような説話を記している。

二十五三昧会の結衆である妙空大徳は、あるとき源信僧都に、「私は極楽往生の願があるが、その行《ぎょう》を修するすべを知らぬ。どのような行によって往生の本意をとげるべきでしょうか」と問うた。源信がいうには、「丈六の仏像を造って浄土に生ずるということがある。このことを努めるべきでしょう」と。これは、慈鏡阿闍梨が丈六像を造って兜率に生じたのを例としたのである。よって妙空は、発願して丈六の阿弥陀像を造った。

源信は、念仏の一門によって「往生要集」を著したといっているので、念仏専修のようにとられやすいが、決してそうではない。長和二年正月にかれ自身が書いた願文によると、生前修行するところの法として、念仏二十倶胝（二十億回）、ひとえによみ奉る大乗の経典は五万五千五百巻、「法華経」八千巻、「阿弥陀経」一万巻、「般若経」三千余巻、念し奉る弥陀の大呪百万遍、千手呪七十万遍、尊勝呪三十万遍、さらに仏像を造り、経典を写し、布施を行なうなど、大小種々の功徳、つぶさに記すこともできぬほどであったという（「続本朝往生伝」源信伝）。ここに源信浄土教、ひいては摂関期浄土教の、きわめて雑修的自力的な一面をみることができるのである。

「叡岳要記」の記すような問答が、源信と妙空の間でかわされたかどうかはもちろん明らかでないが、「続本朝往生伝」によれば、源信がそうした考えをいだいていたことは事実であろう。おそらく平安貴族社会では、「叡岳要記」に記すように、造像のような自力作善的手段で往生し得るという点で、兜率も極楽も、その間になんの差異もないと考えられていたのである。摂関期の阿弥陀信仰と弥勒上生信仰は、空也と歓喜の伝記に示されるように、その布教において同一であるとともに、その受容者においても、その往生手段においても、全く共通していたといえるのである。

阿弥陀・弥勒信仰併存の理由

こうして摂関期には、貴族社会・民間を問わず、阿弥陀・弥勒両信仰の併存、混在がみられ、はなはだしくは同一人で両信仰を合わせて信奉する場合もあった。その典型的な例としては、藤原道長の有名な金峰山《きんぶせん》経典奉納願文をあげることができる。

吉野金峰山は、平安中期以来、弥勒浄土の地とされ（道賢「冥途記」）、「金の御嶽は（兜率の）四十九院の地なり」（「梁塵秘抄」二六四）などと歌われたが、寛弘四（一〇〇七）年藤原道長はこの地に参詣し、法華三部すなわち「法華経」「無量義経」「観普賢経」と、「阿弥陀経」「弥勒上生経」「弥勒下生経」「弥勒成仏経」および「般若心経」を、銅篋に納めて埋めた。その願文によると、「法華経」は、釈迦の恩に報い、弥勒に値遇し、金峰山の蔵王権現《ざおうごんげん》（役行者が金峰山で修行の際感得したと伝える。神を仏の仮りの姿とする本地垂迹説では、その本地は、釈迦＝弥勒とされた）に親近するため、「阿弥陀経」は、臨終のときに身心乱れず極楽世界に往生するため、また「弥勒経」は、九十億劫生死の罪を除き、慈尊の出世に会わんためであり、そもそも願うところは、慈尊成仏のとき、道長が極楽界からこの仏所に詣で、弥勒の法華会を聴聞して成仏の記を受ける際、この庭に埋めた経典が自然に涌出して会衆を随喜せしめんというのである（『大日本史料』二ノ五、九一七頁）。この道長の信仰は、法華信仰・弥陀信仰・弥勒信仰が、錯雑併行しているといえよう。

こうした雑信仰は、後世の一向専修的な浄土思想の立場からみれば、不徹底・未熟のそしりをまぬかれぬが、当時の貴族たちは、そのことに別に矛盾は感じていなかったのである。なぜならそれは、当時の貴族社会を支配した天台の法華一乗思想（「法華経」による一切成仏の思想）に立脚する諸行往生主義のもとでは、むしろ当然と考えられたからである。天台教学の大家硲《はざま》慈弘氏は、天台の法華思想についてつぎのようにのべている。

当代一般の法華信仰は、決して純粋単一ではなく、あるいは密教思想と調和し、あるいは弥勒信仰をともない、ことに当代もっとも盛んなる弥陀信仰と一体一味の関係にあった。……天台法華の盛行は、もちろん同時に台密《たいみつ》（東寺による真言宗の密教を東密《とうみつ》とよぶのに対し、天台の密教をさす）

をもともなうのであって、……その密教信仰が、あるいは法華・弥陀等の信仰と密接なる関係において流行せられたことは、むしろ四宗融合（天台宗は、止観・真言・禅・戒の四宗を融合する宗派であるということ）をその基調とする叡山仏教の現われであり、さらに一切の諸行を往生の種と認むるところの天台法華の教意によるといって、おそらくあやまりないであろう。（『日本仏教の開展とその基調』七四、九八頁）

すなわち氏によれば、道長の場合にみられるような諸行往生思想・雑信仰も、根底においては、天台法華思想をもって貫かれているというのである。

かように「法華経」とその信仰は、当時の浄土信仰と不可分の関係にあったが、「法華経」に説く浄土思想が極楽・兜率の二様性を含んでいたことは注目すべきである。すなわち巻六の薬王菩薩本事品に、

この経典を聞き、説くごとく修行するならば、死後には安楽世界の阿弥陀仏や大菩薩たちの住む処に往き、蓮華の中の宝座の上に生ずることができる。

と極楽往生思想をのべ、巻七の普賢菩薩勧発品では、

「法華経」を書写するだけで、その人は命終るのち、忉利天上に生ずることができる。そのとき、八万四千の天女は、もろもろの伎楽をかなでて来迎する。その人は七宝の冠をつけて、婇女たちの中で娯楽快楽することができる。もし「法華経」を受持読誦し、その経義を解する人は、命終

るのち、千仏に手をひかれ、恐怖せず悪趣におちず、兜率天上の弥勒菩薩の所に往く。弥勒菩薩には三十二相あり、大菩薩がそのまわりを囲み、百千万億の天女と眷属がいるが、その中に生ずることができる。

と兜率天往生思想に言及しているのである。

硲氏は、摂関期貴族社会浄土教をリードした勧学会の本質は、「まさに天台法華の講会」であるとのべている（前掲書、六五頁）。事実、勧学会の会衆が賦した会に関する詩序をみると、いずれもきまって「法華経を聴講し……」と題しており（「本朝文粋」十、詩序三、法会）、源為憲が、勧学会のことを「朝に法華経を講じ、夕には弥陀仏を念ずる」と「三宝絵詞」に記したように、勧学会貴族の阿弥陀信仰は、法華信仰と一体一味の関係にあった。一方、当時の弥勒信仰についてみれば、たとえば「栄花物語」もとのしづくで、「法華経」を供養した宮中の女房たちが、僧侶から、

「法華経」を書写供養した人は、かならず忉利天に生れるといいます。ましてこの女房がたは、みな「法華経」をよんでいるのですから、かならずや兜率天に生れて、娯楽快楽されることでしょう。

と、前掲普賢勧発品の経説そのままに讃えられていることをみても、やはり法華信仰と一体の関係にあったことは明らかである。

このようにみてくると、「法華経は、久遠本地の実証、皆成仏道の正軌」（「法華験記」序）であるこ

とを示そうとしたという『法華験記』の往生説話が、極楽・兜率の両浄土に集中し、「遠く法華を伝える」（『本朝文粋』巻十、九月十五日於予州楠本道場擬勧学会、聴講法華経同賦寿命不可量）のを会の目的とした勧学会貴族たちが、「願わくはともに極楽に生じ、願わくはともに慈尊に謁さん」と両浄土を指向したのも、決して思想的に矛盾しているとはいえぬであろう。

極楽・兜率の等質化

摂関期の阿弥陀・弥勒両浄土の併存が、教義的に『法華経』の浄土思想の二様性に原因していることは以上のべたとおりだが、そこでは、極楽と兜率が混合し、未分化の状態で人々に受容される場合も少なくなかった。

天台座主相応が、延喜十五（九一五）年、死後に生ずるところを示してほしいと本尊に祈ると、夢に明王が現われて十方の浄土を示した。兜率も極楽も、掌中にみるようであった。明王は、どの浄土に往生するのも相応ののぞみのままだと告げた。相応は感涙にむせび、以後、兜率内院に上生することを心にきめ、一心に『法華経』をよんでいたが、いよいよ没するときには、西方に向い弥陀の名号を唱えて没した。人々は、相応は極楽に生じたと信じたという（『日本高僧伝要文抄』三）。ここでは極楽も兜率も、いわば浄土として等質のものに考えられている。はじめ兜率を求めた相応は、極楽に往生しても、別に矛盾は感じなかったし、それを聞く人々も当然のことと理解しているのである。

急死した加賀前司藤原兼隆の娘は、のちに蘇生して、冥途のありさまを人々に語ったが、その中で非常に美しい寺院をみて「これは極楽世界か、さもなければ兜率天上か」と思ったとのべている。あるいは一条天皇が、子嶋寺真興に、「極楽のありさまをみたい」と願ったところ、真興は、極楽ではなく兜率の内院を現わしたが、その美しさは筆舌に尽しがたく、天皇は真興の法験に感じたという（「子嶋山観覚寺縁起」）。こうした説話をよむと、摂関期の貴族社会の人々の求めたものは、実は、「筆端に尽すあたわざる」美的観想の世界であり、こうした此岸に形成される浄土の幻想の中で、摂関期浄土教の特質とされる「美的＝宗教的恍惚」（井上光貞「藤原時代の浄土教」『歴史学研究』一三一）にひたり得るうえは、特に両浄土の分化を必要としなかったのではないかと考えられるのである。

もとより、兜率往生を説く僧は、その二世利益性や弥勒下生の際の現世還相を強調し、極楽を求める僧も、「往生要集」に説くような極楽の優越性を主張し、受容者もまた両者の主張にそれなりの反応を示したであろう。弥勒信仰の場合、兜率天が現世に近い欲界に位置し、弥勒下生の際に現世再帰が可能な点などが、貴族たちの支持を得たであろうことはすでにのべた。しかし実際の信仰において、多少とも両浄土の差異に関心を示し得たのは、勧学会を頂点とする一部の貴族・僧侶であって（そこでさえ両浄土の併存がみられるのだが）、一般の貴族や土豪などが、両浄土の間にどれだけ本質的な差があると理解していたかは、はなはだ疑問に思えるのである。それは、当時の往生伝をみれば、布教活動も、受容者も、往生の手段も、多くの場合、両浄土の間になんの相違もない点からも指摘し得るであろう。

舟崎正孝氏は、当時の阿弥陀・弥勒両信仰が、宗教形態として没個性的であることは、その往生のための修行が同一なのに、願生の対象がときとして安養（極楽）であり、ときとして知足（兜率）であることによって明らかだとしている（「弥勒信仰の展開」『史潮』四八）。「上は兜率に征《ゆ》き西は弥陀に遇《あ》わん」（「本朝文粋」十二）、「横は弥陀に逢い、竪は兜率に往かん」（「江都督納言願文集」五）のように、「極楽か兜率か、どちらかに往生したい」という信仰が貴族社会でひろく行なわれたのは、両浄土が等質化され、その信仰が一般に没個性的であったことを示しているのである。それはまた、天台法華思想を背景に、摂関期の浄土思想高潮のもとで、弥勒上生信仰が阿弥陀浄土信仰とかかわりなく発達し得たことでもあるが、そうした弥勒信仰と阿弥陀信仰の関係が、つづく院政期にどのように変化したかを、つぎにみることにしよう。

Ⅳ　末法思想と弥勒下生

1　民間弥勒信仰の変化

下生信仰の発生

前章で私は、「法華験記」などを通じて、摂関期の弥勒上生信仰隆盛のありさまをみたが、院政期（十一世紀末から十二世紀末）に数多く作られた往生伝・説話集などでは、弥勒上生信仰はどのように変化しているであろうか。

まず、康和三（一一〇一）年以後成立という「続本朝往生伝」、天永二（一一一一）年以後成立という「拾遺往生伝」、保延三（一一三七）年以後成立という「後拾遺往生伝」、保延年間（一一三五〜一一四〇）成立という「三外往生記」、仁平元（一一五一）年以後成立という「本朝新修往生伝」についてみると、これら院政期の往生伝では、いずれも極楽往生説話が圧倒的多数を占めるのに対し、兜率上生説話は、合せてわずか三説話を数え得るにすぎぬ（「拾遺往生伝」持経者長明、「本朝新修往生伝」沙門行範、入道参議左大弁平実親）。しかも、「法華験記」の兜率上生説話では在地の土豪や律令地方官僚などが大きな比重を占めていたのに反し、もっとも民間布教が盛んに行なわれ在俗仏教信者が増大していたはずの院政期の往生伝では、逆に兜率上生者は僧侶と中央貴族に限られているのである。

もちろん院政期の往生伝編述の目的は、「法華験記」の場合とはいささか異なり、それぞれの序文に記すように阿弥陀信仰の鼓吹にあった。「拾遺往生伝」は、戸隠山の持経者長明が兜率上生をとげた説話を記したのち、「いま案ずるに、兜率上人の伝記は、極楽往生者の伝には載せないものである。しかし長明は喜見菩薩の生まれかわりということだから、編者が勝手にけずるのはやめて、ここに記したのである」と付記しているから、このように院政期往生伝の編者が意識的な説話の取捨改編を行なったとすると、極楽往生説話のほかにも、兜率上生信仰説話が、院政期においても社会各層に流布されていたのではないかとも考えられる。

しかし「今昔物語」や「梁塵秘抄」をみると、こうした仮定はかならずしも成立しないようである。

平安末期における最大の説話集「今昔物語」は、嘉承年間（一一〇六～一一〇七）以後成立したと推定されるが（岩波『日本古典文学大系』本、山田英雄解説）、その本朝部の仏教説話は、院政期の往生伝のように特に阿弥陀信仰説話に限定することはなく、観音・地蔵はじめ当時の民間に流布していた諸信仰の説話をひろく収録している。ところが「今昔物語」収録の弥勒上生信仰説話についてみると、「日本霊異記」「法華験記」からの引用が大部分で、「法華験記」編述（一〇四〇）以後形成された可能性ある弥勒信仰説話はほとんど認められぬ。すなわち、「法華験記」「日本霊異記」からの引用を除けば、弥勒信仰と多少とも関係のある説話は、巻一一ノ九・一三・二五・二八・二九・三〇、巻一四ノ四だが、これらはいずれも、その出典や説話内容の年代から考えて、院政期の弥勒上生信仰説話とはいえない。これは「今昔物語」に収録された阿弥陀・観音・地蔵などの説話の場合と比較して、非常に特異な現象である。おそらくそれは、「法華験記」が完成した長久年間以後、「今昔物語」が編された嘉承年間までの六十余年間、民間では、弥勒上生信仰説話のあらたな形成と流布がほとんど行なわれなかったことを、示しているのではあるまいか。

これに対し、万寿二（一〇二五）年の実話をのちに説話化したもので、おそらく「今昔物語」の弥勒信仰説話の中でもっとも新しく、その説話化の過程で摂関末期から院政初期の信仰を反映していると思われる関寺《せき》の霊牛説話（巻一二ノ二四）は、いままでの上生信仰説話とは異なり、三会値遇を願う新しい下生信仰説話である。

弥勒像を安置する近江の関寺は荒廃はなはだしく、横川の源信はこれを悲しみ、「一念の心をおこして拝む人はかならず当来の弥勒の世に生れる」と仏も説いていると再建を勧めた。ところが再建の工事に使われた牛が僧の夢に現われ、自分は迦葉《かしよう》仏（釈迦の衣を弥勒に伝えるため、弥勒下生の日まで鶏足山に入定しているという。一八頁参照）であると告げたため、霊牛の評判がたち、藤原道長はじめ多くの人々が参詣した。およそこの寺の弥勒を一度でも拝む人はかならず弥勒の世に生れるべき業が固まるというが、こうした三会値遇の功徳を人々に修させるため、迦葉仏は牛と化して現われたのである。

ここでは、一度でも弥勒を拝すると「当来弥勒の世」に生れることができるという三会値遇の信仰が強調されており、こうした弥勒下生信仰に関する説話が、「今昔物語」成立当時、民間にひろがっていたことを暗示する。

つぎに、嘉応元（一一六九）年以前に成立し（小西甚一『梁塵秘抄考』）、院政期の民間の仏教信仰の姿をよく伝えている「梁塵秘抄」をみると、これも同様の傾向を示している。

すなわち「梁塵秘抄」には、弥勒菩薩を讃仰する歌はあるが（歌詞番号五七、六一）、

浄土はあまたあんなれど、弥陀の浄土ぞすぐれたる、九品《ここのしな》なんなれば、下品下《げほんげ》にてもありぬべし

（同一八〇）

に対応する弥勒浄土への賞讃はなく、まして、

われらが心にひまもなく、弥陀の浄土を願ふかな、輪廻の罪こそ重くとも、最後にかならず迎えたまへ（同二三六）

といった熱烈な極楽往生信仰に比すべき兜率上生願望は、その片鱗すらうかがえぬ。ところが「梁塵秘抄」は、このように兜率上生に関する仏歌を全く含まぬ一方、

釈迦の御法《みのり》は浮木なり、参り値ふわれらは亀なれや、今は当来弥勒の、三会のあかつき疑はず

（同一六四）

つまり「六道輪廻の世に人と生れて釈迦の教法（法華経）に会うことができたわれわれは、大海に漂う浮木の穴に偶然めぐりあうという亀の話と同じくらいにまれな幸運の身といわねばならぬ。この上は、弥勒の三会の説法に値遇できること疑いない」という弥勒下生信仰の仏歌が現われてくるのである。このほかにも、

迦葉尊者の禅定は、雞（鶏）足山の雲の上、春の霞みし竜華会に、付嘱の衣を伝ふなり（同一八三）

迦葉尊者はあはれなり、付嘱の衣を戴きて、雞足山に籠りゐて、竜華のあかつき待ちたまふ（同一八四）

三会のあかつき待つ人は、処を占めてぞ在します、雞足山には摩訶迦葉、や、高野の山には大師とか（同二三四）

釈迦の説法終りなば、摩訶や迦葉の大阿羅漢、雞足山より、慈尊の出でたまふ世に参り会はむ（同二七八）

のように、「弥勒下生経」に説く、迦葉尊者が釈迦に付嘱された衣を竜華三会の日まで保ち弥勒に伝えるという、関寺説話とも関係ある信仰や、空海の入定信仰を歌ったものも多く、これらも民衆の竜華三会・弥勒下生の信仰を反映した仏歌といえよう。

以上から考えると、摂関期に極楽往生の信仰とならんで盛んであった弥勒上生信仰は、摂関末期から院政期に至って、すくなくも民間では急速に衰退し、その一方であらたな弥勒下生信仰が発展してきたのではあるまいか。すなわち民間の弥勒信仰は、この時点で、大きな変質をとげたのではないかと思われるのである。

下生信仰とその系譜

弥勒下生信仰の内容についてはⅠでのべたが、それを要約するとつぎのようになる。下生信仰とは、釈迦が死んだ後五十六億七千万年で、弥勒が兜率天から下生して三会の説法を竜華樹のもとで行なうとき、その会に参列して説法を聞き成道しようという信仰である。

松本文三郎氏によると、インドの弥勒信仰では、未来世で三会に列することだけを願う下生信仰が、「弥勒成仏経」とその抄本である「弥勒下生経」を中心にまず発生し、つぎにこうした下生信仰の未来性にあきたりぬところから、死後ただちに弥勒の修行中の兜率天に上生し、弥勒下生の際にしたがって兜率天から降り、その初会に列するという上生信仰が、「弥勒上生経」を中心に成立したという。したがって、「下生経」の説く純粋な下生信仰には兜率上生の思想は含まれぬが、これに対し上生信仰では、兜率上生の帰結として弥勒三会（厳密にいえばその中の初会）に値遇し得るという下生思想も含んでいるのである。

そうした上生信仰と下生信仰の関係は、弥勒三部経の最後にできた「上生経」をよむと明らかで、衆生がもし諸業を浄くして六事法（護戒行《ぎょう》、敬塔行、供養行、等持行、誦経行、読経行）を行なえば、かならず疑なく兜率天上に生れ弥勒に値遇し、また弥勒に随って閻浮提に下り、第一に法を聞いて、未来世において一切諸仏に値遇し、星宿劫（永遠の未来といった意味）においても諸仏世尊に値遇して、諸仏の前で菩提（さとり）の記を受けることができる……

もし弥勒を敬礼する人がいれば、その人は百億劫の生死の罪を除き、たとい天に生れなくとも、未来世には竜華菩提樹の下で弥勒に値遇し、無上心を発するであろう。

と、同じ三会値遇といっても、兜率上生のしめくくりとして上生信仰に付随する「上生経」本来の思想と、たとい上生はできなくても未来世の三会値遇だけはできるという、いわば旧来の「下生経」的思想との二つがあることをのべている。したがって弥勒下生の信仰といっても厳密には、

（1） 兜率上生に付随した三会値遇の信仰

（2） 兜率上生とは無関係な三会値遇の信仰（この場合、純粋に未来世の三会値遇による救済だけを求める信仰の他、後にのべるが、極楽往生信仰と結合したり、未来ではなく今こそ弥勒下生の時だとする信仰の形態もある）

の二つに分れる。（1）は、信仰の性格としては弥勒上生信仰の一部とみなすべきであり、以下、弥勒下生信仰といえば（2）の場合に限定して考えてゆくこととしたい。

では、わが国に（2）の意味での下生信仰がひろく成立したのはいつごろであろうか。仏教伝来か

ら奈良末期に至る間の弥勒信仰が上生信仰と同一視してよいことはすでにのべたが、平安時代に入って、天台・真言の僧侶などの間にしばしば現われる弥勒下生・三会値遇といったことばも、漠然とした遠い未来を指したり、さもなければ（1）のような上生信仰のしめくくりとしての下生思想を示すにすぎないのではあるまいか。有名な天禄三（九七二）年の僧奝然《ちょうねん》と義蔵の結縁状に、

　第二世（来世）には、かならず二人はともに兜率の内院に生れ、仏に会い法を聞き、第三世には、ともに弥勒にしたがって閻浮提に下生して、法を聞き益を得よう。

と記しているのも、兜率上生が三会値遇の前提と考えられていたよい例である。

もちろん僧侶や貴族の一部には、かなり早くから下生信仰は存在した。音石山大僧都明詮が貞観三（八六一）年に弥勒会を修したと伝えられるのは、その最も古い例である（「日本高僧伝要文抄」三）。十一世紀に入ると藤原道長やかれの娘上東門院《じょうとうもんいん》彰子の埋経にともなう下生信仰が現われる。しかしこの時代の下生信仰の史料はまだ断片的で、それが民間にもひろまって、一つの時代的な信仰にまで発達するのは、かなり年代がくだってからであった。

たとえば、平安時代の弥勒下生信仰として最も有名なのは、高野山の弘法大師入定信仰だが、すでにのべたように、「空海が生身のまま入定している」という思想は十一世紀はじめに現われているのに、「空海は弥勒の出世に会うために入定している」という下生信仰と結合した入定観が完成するのは十二世紀はじめである。その場合でも、経範の「大師御行状集記」に「われ入定の後、かならず兜

率陀天に往き、弥勒慈尊の出世を待ち、かならず慈尊下生のとき定《じょう》を出て祇候《しこう》すべし」とあるように、真言宗の僧侶の間では、多分に上生信仰的色彩で理解されていたらしい（Ⅲの1参照）。鎌倉時代の知道が書いた「好夢十因」も、「密宗（真言宗）では、弘法大師が兜率に上生して以後、実恵・真然など兜率に上生する僧は少なくない」と記している。

高野山を大師の入定処とする信仰とならんで有名なものに金峰山《きんぷせん》を弥勒浄土とする信仰がある。金峰山は山岳修行者の聖地として古くから知られたが、平安時代の末にできた「扶桑略記」をみると、東大寺大仏に塗る金を求めて聖武天皇が使を金峰山に派遣したところ、「この山の金は、慈尊出世のときに用いる金だ」という託宣があり、結局陸奥の黄金を大仏に用いたという伝説を記している。黄金世界を連想させる金峰山と、弥勒下生の際には閻浮提が黄金と化すという下生信仰（一八頁参照）が結合して、金峰山は現世の弥勒浄土（兜率内院）とか、弥勒が下生する場所とか考えられたのであろう。

藤原道長が金峰山に埋経し、金峰山に弥勒下生の日、極楽からこの場所にもどろうと祈ったことはすでにのべた（一一五〜一一六頁参照）。「源氏物語」夕顔の巻でも、光源氏が、あけがた「南無当来導師（弥勒のこと）」と拝む年老いた御嶽《みたけ》精進（金峰山修行者）の声を聞き、「あれをお聞き、この世のことばかりでなく、来世のことを願っているよ」とあわれがって、夕顔と弥勒の世までの契りを誓いあう場面があるから、十一世紀はじめの金峰山信仰では、来世的な弥勒下生信仰も一部で行なわれていたらしい。

しかし摂関期貴族社会の金峰山信仰は、すでにのべた金峰山という名から連想される黄金観が貴族社会の奢侈化にともなうゴールドラッシュの風潮とマッチして、現世の黄金浄土観へ発展した面もあり、現世的祈禱の場所として重んじられることが多かった。

「金の御嶽は一天下、金剛蔵王《こんごうざおう》釈迦弥勒」（『梁塵秘抄』二六三）と歌われたように、金峰山信仰の中心は釈迦＝弥勒の垂迹《すいじやく》（衆生を救うためのこの世の仮りの姿）とされる蔵王権現（金剛蔵王）だが、青黒く三つ目を持つ悪魔的形相のこの明王を、平安貴族は除厄延命の功徳があるとして崇拝した（村山修一『神仏習合思潮』七一〜七七頁）。こうして、院政期に入っても金峰山信仰は、「（現世では）祝福を華封の説に待ち（華封三祝の故事のように、寿・富・多男子を得る）、（来世では）慈尊の下生を期す」（『本朝続文粋』七）、「金峰山は金剛蔵王の居いである。（蔵王の利益によって現世では）病いを除き命を延ばそう。（来世では）兜率の内院に生ずること疑いなく、慈氏の下生にもかならず会うことができるであろう」（『江都督納言願文集』二）とあるように、施福延命を願う貴族社会の現世利益信仰や上生信仰が重層し、純粋な下生信仰とは多分に異質的であった。

しかしいずれにしても大師入定信仰や金峰山信仰は、摂関後期から院政初期にかけてはっきりしてきたらしいから、民間の下生信仰がこうした信仰と関連して発達したとすると、摂関末期から院政期に民間で下生信仰が成立したのではあるまいかという前の推測とも一致するのである。

埋経の流行

このように、民間の弥勒下生信仰の成立期を摂関末期から院政期と考えると、その成立の直接の契機はなんであろうか。

ここで注目されるのは、摂関末期から院政期に全国で流行した埋経《まいきょう》の願文に、「弥勒三会を期す」といった内容が数多く記されていることである。埋経というのは、末法到来による仏法の破滅をおそれ、やがて訪れる弥勒三会の日のために「法華経」などの経典を埋めるもので、たびたびふれた寛弘四（一〇〇七）年の藤原道長の金峰山埋経は、そのもっとも初期の例である。その形式としては、紙に経文を写し、埋経の主旨を願文に記し（経筒の表面に刻られることが多い）、銅・青銅・石・陶製などの経筒に納めて地下に埋めるのが普通だが、瓦経・銅板経・柿経《こけら》などの場合もある（辻善之助『日本仏教史』中世編一、蔵田蔵「埋経」『仏教考古学講座』）。

願文に記すところは大同小異で、末法が到来し仏法が滅びたのちも、この経典は地下に保たれ、仏法再来の弥勒三会説法の日に自然に地下から涌出て、会につどう人々を済度しようというのだが、その中に、

伏して乞う当来導師慈尊、誓願誤たず引摂《いんじょう》かならずしたまえ（『平安遺文』金石文編一六六号）

三会に値い、仏をみ、正法を聞き、この文をみて、自他利益を同じうせん（同二九二号）

など、単なる経典保存ではなく、この功徳によって埋経者自身が弥勒三会に値遇しようと願う信仰、

すなわち弥勒下生信仰を記しているのは注目すべきであろう。

末法到来

末法思想とは、釈迦の死後、一定期間は教《きょう》（おしえ）・行《ぎょう》（修行）・証《しょう》（さとり）の三つがそなわり、人々が仏の教えにしたがって修行すれば証果を得るという正法《しょうぼう》の時代がつづくが、やがて教と行だけがあって証のない像法《ぞうぼう》の時代、教のみあって修行する人もさとりを得る人もなく、仏法はおとろえ、人心は悪化し、悪事が横行するという末法《まっぽう》の時代が訪れるという考えである。各時代の年代についてはいろいろの説があるが、摂関期以後一般に信じられたのは、正法千年、像法千年、釈迦の入滅は壬申の年（西暦紀元前九四九）とする説で、これで計算すると、摂関末期の永承七（一〇五二）年が末法の第一年にあたる。かつて栄華を誇った摂関体制もいまや衰退の色はおおうことができず、治安は極度に乱れ、仏法を護持するはずの僧侶までが武装して争うという社会状態は、経典に説く末法到来の予言の適中として人々に意識された。こうして破滅へと向う末法の世を救うものは、当来仏としての弥勒の下生以外にないという考えが、そこに生じてくるのである。

もちろん弥勒は、経典の説くところによれば、こうした混乱した末法の世に下生するのではない。末世の状態が極限まで進み、人々が絶滅寸前になってやっと反省し、善心をおこすことによって寿命ものびはじめ、やがて人寿八万四千歳の一種の理想境を実現したとき、はじめて弥勒は下生してくるのである。ところが平安時代の信仰ではその辺があいまいで、「末代のことは人力のおよぶところにあらず」として、末法の救済と弥勒下生が直結して理解されていたようである。

当時盛んに行なわれた山門（延暦寺）と寺門（園城寺＝三井寺）の抗争は、貴族社会の人々に末法到来の端的な現われと考えられていたらしい。永保元（一〇八一）年四月、延暦寺の僧兵数千は三井寺を襲い、御願の院十五所、堂院七十九所、塔三基、僧房六百二十一所、舎宅一千四百九十三宇を焼き払った。「ひろく天竺・震旦・本朝（インド・中国・日本。当時の全世界という意）の仏法の興廃を考えても、これほどの破滅はない」といわれたほどの事件だったが、九月には再度延暦寺の僧兵が三井寺をおそって、四月の戦いで焼け残っていた堂宇をすべて灰とした。「門人（寺門の僧）の上下おのおの山林に逃げ隠れ、あるいは悲しみを含んで黄泉（死の世界）に入り、あるいは愁いを懐きて蒼天を仰ぐ。今年は末法に入りて三十年を歴《へ》たり」と、「扶桑略記」の著者皇円は、この焼打を末法到来の現われとして歎じているが、朝廷はこの翌月、宇佐弥勒寺の堂塔供養を行なっており、末法思想と当来仏としての弥勒の信仰との深い関係を知るのである（千々和実「八幡信仰と経塚の発生」『日本仏教』八）。

末法到来と民間の下生信仰

しかしそうした関係は、せまい貴族社会だけに限られるものではなく、日本各地から発見された埋経の願文からもひろくうかがうことができる。

釈迦牟尼仏の弟子定恵は、末法のはじめ永保二（一〇八二）年、日本国七高山の一つ安峰に三尺の弥勒仏一体と「法華経」一部を書写して埋め奉る。その志は、慈尊三会のために埋め、有情利益の誓願をたてるものである。（『平安遺文』金石文編一三〇号）

釈迦大師が壬申の歳に入寂して以来、日本国の年号康和五（一一〇三）年癸未の歳まで、おおよその年数を数えると二千五十二年である。今年十月三日、山陰道伯耆国河村東郷にまします一宮大明神の御前で、僧京尊は如法経（法華経）一部八巻を供養し、社の辰巳の方角の岳の上に埋め奉った。願わくは、この書写供養の功徳により、結縁した親疎、これを見聞きした群類（多くの生き物）、たとい生をうけるところは人道と畜生道とに異なるといえど、かならず慈尊の出世に値遇し、この経典を掘り奉らんことを。（同一六三号）

釈迦の滅後二千余年、仏法が滅びようとするとき、かの慈尊の出世に至るまで五十六億七千万歳のとき、……この埋経の善根によって極楽に往生し、帰ってこの法華曼荼羅をみて三会に値遇したいものである。（同二八四号）

南無当来導師弥勒慈尊、釈迦末法の代、南閻浮提大日本国山陰道丹後国熊野郡佐野郷大治村円頓寺で、「法華経」一部十巻を書写し奉る。（同四〇七号）

こうした願文は、このほかにも多数あげることができるが、民間の末法思想深化のもとで、勧進僧の布教を中心として、民衆の間に弥勒下生信仰が発達したことは明らかである。

従来、末法思想の成立は貴族社会の階級的没落観としてとらえられていた。これに対して井上光貞氏は、末法到来の自覚を貴族階級だけにむすびつけて解釈する考えは狭すぎるとして、末法思想の成立をさらに一般民衆にまでひろげて考えるべきだと主張した。貴族たちは、その支配権の没落を通じて末法を自覚したが、武士や民衆もまた、古い社会秩序の崩壊によっておこる国土の衰微、戦乱の連続、天災地変など、いわば乱世のきざしによって末世の自覚を深くよびおこされ、それが浄土教の発達に拍車を加えたというのである（『日本浄土教成立史の研究』一一一頁。「浄土教の諸問題」『歴史学研究』二四一号）。

たしかに、僧兵の争いなどを伝え聞いて、「ただに仏法の衰えのみではなく、同時に王法の衰えでもある」と「落涙襟をうるお」した中央貴族社会の人々に比し、そうした古代的秩序崩壊の渦中にあった在地の人々は、末法到来を、一面において、より身近な、より現実的なものとして自覚する場合があったのではあるまいか。早くも末法に入って第二年目にあたる天喜元（一〇五三）年、美濃国茜部荘の荘官と住人たちが、荘園の領家である東大寺の政所に対して、

最近の国司は憲法（国法の意）を忘れ、かれらの利潤ばかりを考えて、荘田を没収し、官物租税を責め取り、臨時の雑役をあて課します。このために荘園はますます荒廃し、御寺（東大寺）の愁もこれにすぎるものはありますまい。どうか政所は正しい裁定を下し、末代の荘園の愁吟を慰してほしいものです。（『平安遺文』古文書編七〇二号）

と訴えたのをはじめ、摂関末期から院政期の荘園の文書をみると、「荘園に住む古老が申すには、末

代のころになってこの荘園にも国司の煩いがある」「ようやく末代におよんで、荘園には国司の収公（土地などを官に没収すること）の煩いがある」「末代の国司は、荘園側に綸旨《りんじ》（天皇の勅を記した文書）などは下っていないといって、おそらく妨げをするであろう」「世は澆季《ぎょうき》（末の世と同じ）におよび、人々は凶悪を好み、在庁官人（国の役所の役人）は非法の国役をあて課す」などくりかえし記されており（『平安遺文』古文書編、一四四二、一六二〇、二二四一、二四五二、二八六五、三六一三号など）、荘園の荘官や住人など在地の人々は、国司の苛政・収奪、それにともなう荘園の荒廃を、末代・澆季の到来と感じて悲歎したのであった。

もちろん末代とか澆季とかいったことばは、「末の世」という漠然とした面もあり、厳密には「末法の世」とは同一視できぬかもしれない。しかしすでにふれたように、当時の民間の埋経願文に末法の年代が数多く明記されている点から考えて、こうした在地の人々が現世を末代・澆季と意識する根底に、そうした末法思想の影響が強かったことは疑いないであろう。おそらく埋経を勧進する僧侶らが説く末法到来による三災七難（戦乱・疾疫・盗火などの災難）の話は、国衙《こくが》（国司の役所）対荘園という激しい対立抗争の場に生活する在地の人々にとって、もっとも実感をもって受けとられたのではあるまいか。

かつて赤松俊秀氏は、

国衙対荘園の争いが機縁となって、それにまきこまれた国司・在庁官人・荘園領主・荘長・田堵《たと》

（土地の直接経営者）等の間に罪悪の自覚が深まり、それが基になって浄土願生の思がめばえたであろうことは、往生伝のわずかな記事からも推測される。弱肉強食の激しい生存競争は、救済の宗教の出現を必然とする。（『続鎌倉仏教の研究』二三四頁）

と論じたが、末法到来というべき争乱をこの上もなく身近に感じ、あるいは凶作飢饉にたえずさらされる人々の間に、阿弥陀浄土願望の一方で、こうした末世を救うという当来仏の弥勒の下生を求める信仰が埋経という形でひろく展開したのは、まことに当然といわなければならない。

極楽に往生し、三会に値遇せん

院政期の民間の弥勒下生信仰が末法思想のもとに発達したことは以上で明らかになったと思うが、その場合、人々は未来の三会値遇を願う下生信仰だけで満足できたろうか。かつて源信は、「往生要集」の中で、

釈迦の入滅から慈尊の出世に至るまでは五十七億六千万歳を隔てるという。その間の輪廻の苦しみはいかばかりであろうか。

と、遠い未来の救済を説く下生信仰の弱点を指摘したが、ここに、死後ただちに極楽浄土に往生し、弥勒下生のときになったなら、極楽からこの地上に再帰して三会に列しようという独特の信仰が生れてくるのである。

こうした信仰は、貴族社会では比較的早くから発生していた。藤原道長は、金峰山埋経の願文で、

「慈尊成仏のときには、私は極楽界からこの仏所に詣でて、弥勒の法華会を聴聞し、成仏の記を受けよう」と願っているし（『平安遺文』金石文編八六号）、かれの娘上東門院彰子も、長元四（一〇三一）年の埋経で、「私は、のちの世に三界（輪廻の世界。欲界、色界、無色界）を出てかならず極楽浄土に生れて菩提の道を修し、……弥勒の世にも逢って、この経で人々を済度しよう」と記した（『平安遺文目録』五、六八号）。

しかしこうした信仰は、貴族社会ではそれほど発達せず、むしろ院政期の民間の埋経に盛んに現われてくるのである。たとえば福岡県光円寺所蔵の天永元（一一一〇）年経筒銘には、

勧進僧信快が、この埋経を行なう理由は、ひとえに往生極楽のためである。またこのくわだてに多少なりとも力を合せ帰依した人々もさだめて慈尊三会のあかつきに値遇するであろう。（『平安遺文』金石文編一七〇号）

とあり、荘園内の道俗にひろく勧進したという天養元（一一四四）年の播磨国極楽寺僧禅慧の埋経願文には、「慈尊出世のとき、われわれは極楽土からさらにこの処にこよう」と記している（同二九九号）。こうした例はその他にも多い（同二八四四、四四九号など）。

むろん民間の埋経で、死後兜率に上生し三会に値遇しようと記す例も絶無ではない。「ことに弘法大師の護持を仰ぎ、さらに慈尊の出世を期し、……上は知足の雲にあそび西は安養の月を翫ばん」といった願文も残っている（同二八五、三〇一号）。しかしこれは、願主がいずれも真言僧で、弘法大師

の名を明記しており、祖師信仰の性格が強く、「極楽に往生し三会に値遇する」という信仰に比して、あまり一般性がなかったようである。

平岡定海氏も、埋経の願文を分析して、

弥勒下生の思想が弥陀浄土とつらなって表明されているが、明確な弥勒上生信仰はみられないで、下生思想に中心が置かれている。ここに天台系弥勒上生信仰は充分な発展をとげずして、むしろ弥勒下生思想が推進されたのである。

極楽より慈氏出世に参加することは、極楽浄土に下生思想が存在せぬことを示すものであり、弥勒の下生思想こそ、一度極楽に往生した人もふたたび閻浮提に衆生救済のため慈氏とともに下り得るという下生思想を示しているので、これは弥陀浄土思想が行ききりであるという一つの弱点を示しているともいえる。

と、下生信仰と阿弥陀浄土信仰結合の理由をのべている（『日本弥勒浄土思想展開史の研究』五三九、五四〇頁）。たしかに弥勒の下生思想の還相《げんそう》（この世に還る）的性格は、極楽往生の往相（あの世へ往ききり）的性格をおぎなうものとして、平安末期の下生信仰の民間展開に力あったであろう。

しかし考えてみると、こうした極楽往生と弥勒下生の複合信仰は、弥勒上生信仰隆盛のもとでは特に発達する必要はなかったのではあるまいか。なぜなら、上生信仰では、死後ただちに不退の浄土である兜率の内院に上生し、弥勒のそばで三会のあかつきを待つことができるのだから、死後弥勒下生に至るまでの間の輪廻の苦しみからのがれるというだけなら、なにも極楽に往生しなくても、兜率上生の弥勒上生信仰で十分なはずである。事実、摂関期までの上生信仰の阿弥陀信仰に対する強みは、兜率に上生すれば弥勒下生の日まで兜率ですごし弥勒とともにこの世にもどれるという点にあった。源信は「極楽に往生しても、この世にもどって三会に値遇できる」と主張して、上生信仰に対抗したのである。

してみると、院政期の民間で、弥勒信仰の内容が、兜率上生から三会値遇までを一貫して説く上生信仰から、三会値遇だけを説く下生信仰に変化し、しかも下生信仰が極楽往生と結合したということは、上生信仰の兜率上生の部分だけが極楽往生にとってかわられたのだと考えることもできよう。ことばをかえれば、院政期の民間での上生信仰から下生信仰への転換の理由は、末法思想のもとで、なぜ兜率上生が極楽往生の信仰にとってかわられたのかという角度から考えることができるのではあるまいか。

兜率上生の没落

極楽往生と兜率上生を比較すると、兜率上生に自力作善的・持戒的要素が濃いとはすでにふれたように、浄土教家たちによってしばしば説かれたところである。

そうした修行・持戒・作善を重視する弥勒上生信仰が、摂関期に阿弥陀信仰とならんで盛行したのは、当時は阿弥陀信仰も諸行往生思想が主流を占めていて、両信仰の往生の難易が信者たちの間であまり明確に意識されていなかったためであろう。ところが、教は残っていてももはや行も証も期しがたいという末法思想が深まる院政期には、人々の間に罪悪感・無力感が増し、自力作善・持戒への懐疑が生じてくる。

われわれが、もし持戒精進の身ならば、どうしてただ弥陀をたのみ、ひとえに極楽を願う必要があろうか（他の仏や浄土をたのみ願ってもよいではないか）。われわれは破戒懈怠の身であるからこそ、阿弥陀の十念往生の願を貴ぶのである。（永観「往生拾因」）

と、みずからを破戒懈怠の悪人視するような思想が、すでに院政期の浄土教家の間には生じているが、末法到来をもっとも身近なものとして理解した在地の土豪や地方官僚の間にも、それはより素朴な形でひろがったであろう。こうして他力的な阿弥陀浄土願生の信仰が、その他力性のゆえに、民間のかつての兜率上生信者たちの間にも成長していったと思われるのである。

摂関期の在地の土豪や地方官僚の兜率上生信仰は、当然のことだが自力作善的・諸行往生的であった。たとえば丹波国天田郡の景遠は、貸《いら》し米五十石の代金で「法華経」を買って供養し、その功徳によって兜率内院に生れた（「三宝絵詞」）。俗にある間、猛悪不善・殺生放逸の生活を送り、善心はいささかもなく、その威勢は国に満ち、ほしいままに悪業を重ねた阿武大夫は、出家入道して「法華経」を一心によみ、道心堅固、種々の善根を重ねたゆえに、越中の国司藤原仲遠は、造仏写経布施などの善行を積んだゆえに、奥州の壬生良門は、悪をあらため殺生を禁じ、写経造像に努め、ついには私財をなげうって数十年を費し金泥千部「法華経」を写したゆえに、それぞれ兜率天に生ずることができたのである（「法華験記」九七、一〇四、一一二）。

そして藤原仲遠は、一方では間断なく弥陀の大呪を唱えていたというが、それは阿弥陀・弥勒の信仰対象の未分化とともに、両信仰がその往生手段の自力作善的・諸行往生的性格でも共通していたことを示している。それが摂関期浄土教の特色であることはすでにのべた（一一五頁参照）。

しかしこうした往生思想は、院政期になって変化した。その性格ははなはだ拘惜《こうじゃく》（ものおしみ）、国司在任のときには貪欲をもって知られた源章任は、堂塔も建てず仏法もひろめず、ただ「阿弥陀経」をよんで極楽に往生した（「続本朝往生伝」）。弓馬狩猟をこととし、毎年郡内の土民に出挙《すいこ》稲を貸しつけ、秋収穫のときにはその利を貪り、田畑を横領し、梟悪の心はとうてい書きしるすこともできぬほどで、仏法については全く知らぬ男だと評された甲斐国丹波大夫のような「十悪五逆の輩」も、最後の念仏の力で往生した（「三外往生記」）。人の頸を切り手足を折らぬ日はめずらしいといわれたほどの乱暴もので、仏法の因果を知らず三宝を信ぜず、国の人々もみなおそれた讃岐多度の源五位も、最後に阿弥陀仏名を唱えて極楽往生をとげた（「今昔物語」一九ノ一四）。

これら院政期の往生説話を、自力作善を旨とする摂関期のそれに比較するならば、自力作善的諸行往生の否定、悪業を救うものは絶対他力の阿弥陀仏しかないとの自覚がよみとれるのであり、自力的な兜率上生信仰から他力的な阿弥陀信仰への転換が、この時点に、在地の人々の間で行なわれた可能性を知るのである。もちろん私は、院政期の在地信仰者の諸行往生否定を過大に評価するものではないが、末法到来を境とする、民間の兜率上生信仰没落と極楽往生信仰隆盛の根本理由をここに求めるのは、疑いないところと思う。

また、地方豪族などよりも下層の人々は、摂関期にはまだ浄土教布教の対象外だったと思われるが、院政期になって聖《ひじり》などの民間布教が活発になるにつれて、こうした人々も浄土教思想の洗礼をうけ宗教的自覚を深めるようになった。しかし民間布教僧が好んでおこなったであろう因果応報の説法――現在苦しい生活をしているのは前世の因縁であり、現世で功徳を積まねば来世で地獄におちるといった卑俗な説法――は、下層階級に生れ、自力作善・持戒のできぬ宿業《すくごう》（宿世の因業）のおそろしさ、その結果としての来世での堕地獄の恐怖を人々の心にうえつけた。こうして罪悪感・絶望感におち入った人々の間で、

鵜飼《うかい》はいとをしや、万劫年経《ふ》る亀殺し、また鵜の頸を結《ゆ》ひ、現世は斯《か》くてもありぬべし、後生《ごしよう》わが身を如何《いか》にせん、（「梁塵秘抄」三五五、および四四〇）

「この世で、亀を殺し鵜をつかって漁をせねばならぬ鵜飼の身に生れた私は、ふびんなことだ。現世はこのようなあさましい殺生をつづけ悪業を積んでも暮せようが、その報いで後生は地獄におちなければならぬわが身をどうしたらよかろうか」という痛切な叫びがおこるとき、それに答え得るのは、自力作善・持戒を必要とする弥勒浄土兜率天ではなく、

浄土はあまたあんなれど、弥陀の浄土ぞすぐれたる、九品《ここのしな》なんなれば、下品下にてもありぬべし、
弥陀の誓ひぞたのもしき、十悪五逆の人なれど、一度《ひとたび》御名を称ふれば、来迎引摂《らいごういんじょう》疑はず、と歌われたように、輪廻の罪深き下品下生十悪五逆の人々も、ひとたび「南無阿弥陀仏」と唱えれば迎え入れるという、阿弥陀仏の極楽浄土であった（「梁塵秘抄」二九、三〇、一七九、一八〇、二三六、二三七）。

このように考えるならば、院政期の民間では、深刻な末法到来観のもとで、他力的な阿弥陀信仰が自力的な弥勒上生信仰を圧倒するとともに、弥勒信仰の中でも、こうした末法の世を救うべき当来仏としての弥勒の下生を求める下生信仰が特に発達し、しばしば両信仰の結合も行なわれたと思われる。

三会のあかつき疑わず

もとより院政期の阿弥陀仏による悪人往生の思想は、まだめばえの段階であり、社会全体からみれば、依然として天台の諸行往生思想が浄土教の主流を占めていた。まだ法然・親鸞といった偉大な宗教人は現われず、民間の悪人往生思想は、十分な質的展開をとげることはできなかった。そのため民衆の間には、一方で、

はかなきこの世を過《す》ぐすとて、海山稼ぐとせしほどに、万《よろず》の仏に疎《うと》まれて、後生わが身を如何にせん、（「梁塵秘抄」二四〇）

と歌われたように、毎日の生活に追われ殺生を重ねる罪深いわれわれは、すべての仏に疎まれ、極楽

往生さえのぞめず、死後の地獄は必定であるという観念さえ生れた。

こうした観念を背景に、院政期の民間では、

わが身は罪業重くして、終《つい》には泥犂《ないり》（地獄）へ入りなんず、入りぬべし、佉羅陀山《からだせん》（地蔵の住みか）なる地蔵こそ、毎日のあかつきに、かならず来りて訪うたまへ、（同二八三）

と歌われたように、地獄に入って人々の苦しみを代り受けるという地蔵菩薩の信仰が成立するのである。それは、「西ニ向テ弥陀ノ念仏ヲ唱へ、地蔵ノ名号ヲ念ジテ絶エ入ニケリ」（『今昔物語』一七ノ一二）とあるように阿弥陀浄土信仰と複合し、極楽往生ののぞみすらなければ、「タダ地蔵ノ名号ヲ念ジテ更ニ他ノ所作ナシ」（同一七ノ七）という地蔵専修にもなる。

もし親鸞のような人が出て悪人を正機とする念仏をひろめ、阿弥陀仏が真に悪人のための救済者として純化されていれば、こうした地蔵信仰は、浄土教の中に吸収されて、その成立基盤を失うであろう。他力的な地蔵信仰の発達は、院政期の阿弥陀信仰がまだ中世浄土教のように質的に発達していないため、その空白を埋めるものだったともいえるのである。そしてそれは、弥勒下生信仰の場合にも、おそらく同じではあるまいか。他力的な弥勒下生信仰が、末法を救うものとして阿弥陀信仰と複合し、あるいは「三会のあかつき疑わず」と歌われるように弥勒三会に成仏を期す弥勒専修の形をとったのも、中世浄土教のように、阿弥陀専修によって末法から救済し得るという思想や絶対他力の悪人往生思想が確立していないためであろう。すなわち阿弥陀信仰の立場からみるならば、阿弥陀浄土教が末

法救済悪人正機の宗教として純化せぬからこそ、弥勒信仰の中の他力的な下生信仰の部分は、末法のもとで苦しむ人々の信仰として発達したのだということもできるのである（地蔵信仰の問題については、井上光貞『日本浄土教成立史の研究』二四六〜二四七頁。速水侑「日本古代貴族社会における地蔵信仰の展開」『北大文学部紀要』一七—一参照）。

もともと弥勒下生信仰は、経典に、

もし弥勒を敬礼するものがあれば、百億劫の生死の罪を除き、たとい天に生れなくても未来世に竜華菩提樹のもとで弥勒に値遇することができるだろう。

と記され、新羅の元暁も、「上生経」は中品の人のためであるのに対し、「下生経」「成仏経」は下品の人を対象としていると説いており（「弥勒上生経宗要」）、三会値遇は兜率上生にくらべてはるかに易《い》行《ぎょう》（修行しやすいこと）で、下品下機の人を対象にしているのだという思想が強かった。

このように「易行」である他力的な下生信仰は、極楽往生さえ困難と考えた人々の間でどのように受け入れられたであろうか。それは「極楽にも兜率にも往生できないから、長寿鬼となって慈尊の下生を待とう」とか、「入水して大蛇と化して長寿を保ち、弥勒の下生を待とう」といった説話のように、悪人往生の問題でゆきづまった院政期の民間浄土教家の焼身・入水のような頽廃的非倫理的行為につらなる場合もあったが（一八九〜一九四頁参照）、おそらく一方では、「今は当来弥勒の三会のあかつき疑はず」と歌われたように、「十悪五逆の人なれど、一度御名を称ふれば、来迎引摂疑はず」

といった悪人往生の弥陀信仰に比すべき、弥勒下生の本願への絶対帰依の信仰を生んだのである。当来仏としての弥勒の信仰は、こうした末法下の民間の他力的な下生信仰において、もっとも純粋な発達をとげたと評価することができよう。

いずれにせよ、以上のべたように、民間の弥勒信仰では、従来の上生信仰からあらたな下生信仰への転換が、末法到来の院政期を中心に行なわれたのであり、このあらたな他力的な下生信仰は、同じ弥勒信仰とはいえ、前代の上生信仰とは比較にならぬ深刻な時代思想の所産であった。院政期の民衆の信仰がいかに深刻切実であったかは、往生伝の悪人往生説話や「今昔物語」の地蔵説話などを通じて、従来しばしば説かれるところであるが、私は、以上のような末法思想下での民間弥勒信仰の変容も、こうした深刻な院政期民間仏教思想の一つの現われとして、注目し評価すべきものであろうと考えるのである。

2　貴族社会上生信仰の存続

貴族社会の下生信仰

すでにのべたように、民間の弥勒上生信仰から下生信仰への転換期は院政期と考えられるが、これに対し貴族社会では、その宗教的環境が早くから成熟していたためか、一部ではあるが、九世紀の末から弥勒会の形で下生信仰は発生していた。しかし貴族社会の弥勒会に現われた下生信仰は、民間の下生信仰が深刻な末法思想のもとに成立したのに反し、美的享楽的で、現世に対する深刻な絶望感を背景にしているとは思えないのである。おそらくそれは、すでにのべたような貴族社会の弥勒上生信仰の性格や、さらにひろくは井上光貞氏が指摘した美的観想的な藤原浄土教（摂関期浄土教）の本質とあい通ずるものであろう。

つねに兜率上生の業を修していた音石山大僧都明詮は、貞観三（八六一）年三月、法会を設けて「弥勒の初会」と号した。明詮は、「弥勒の出世には三会あり、いま自分の修するのはその初会で、二会三会は後生のことだ」と語ったという。この弥勒下生を模した法会には、天皇は雅楽寮に勅して舞楽を奏させ、公卿以下多くの貴族たちもそれぞれ助力したというから（「日本高僧伝要文抄」三）、そのおおよその雰囲気は察することができる。あるいは康平五（一〇六二）年に園城寺で行なわれた竜花会も、「美しく彩られた幡（法会の時かざる旗）の輝きは兜率天上の摩尼殿の荘厳と見まごうばかり。奏でられる音楽は兜率天上から聞えるのかと思われる。すべてみるもの聞くもの感涙がとめどなく流れる」ありさまだったと記されている（「本朝続文粋」十一）。

こうした弥勒会は、貴族たちが好んで行なった「儀式の作法、舞楽の興、微妙に美しく、極楽もきっとこのようであろうか」（「今昔物語」一二ノ六）といわれた涅槃会《ねはんえ》や、「仏のおられるところのありさまもこのようかと思われ、その美しさに、深い信心のない人でも罪が消えるだろう」（「源氏物語」

御法）と貴族たちを随喜させた法華八講となんのちがいもない。貴族たちはこうした弥勒会に列し、眼前にくりひろげられる盛儀そのままの弥勒下生のさまを心に描き、いわゆる「美的＝宗教的恍惚」にひたったのであり、院政期の民間にみられた弥勒下生によってのみ自己の救済を求める切実な信仰は、そこにはほとんどうかがえないのである。

「源氏物語」の作者は、光源氏が夕顔と遠い弥勒の世までもと誓ったのはひどく大げさだと書いているが、貴族たちにとって弥勒の世は、遠い未来より現世の中にこそ求められた。「極楽浄土をこの世に現わすために」御堂《みどう》（阿弥陀堂）を作った藤原道長の治世が、「この御世の楽しいことは限りない」「かくも楽しい弥勒の世に生まれあわせたことよ」（「大鏡」下）と讃えられたように、造寺造仏を行なう貴族社会の繁栄はそのまま弥勒の世とされたのであり、そこに、貴族社会の弥勒下生信仰が、一応民間に先んじて発生しながら、さして切実な内容を含んだ未来信仰としては発達しなかった理由を、よみとることができるのである。

上生信仰の存続

ところで、こうした下生信仰の不徹底の反面、貴族社会では旧来の上生信仰がかわりなく存続していた。

たとえば、寛弘四（一〇〇七）年、金峰山に埋経して弥勒下生を期した藤原道長は、寛弘二年の浄妙寺供養の願文で、「願わくは、諸々の衆生とともに、上は兜率に征《ゆ》き、西は弥陀に遇《あ》わん」（「本朝続文粋」一三）と、極楽と兜率をあわせ願い、寛仁四（一〇二〇）年の無量寿院供養でも、「香花や幡の美しさは兜率天の雲とへだたるところがない」と記している（「扶桑略記」同年三月三日条）。それが当時の貴族社会で一般的であったことは、寛仁五年、道長が阿弥陀堂を営んだときに、皇太后宮妍子に仕える多くの女房たちが、罪障を除こうと「法華経」を書写供養して、講師の僧に、「法華経を書写する人はかならず忉利天に生れる。いわんやこの女房たちはみな法華経をよんでいるのだから、かならず兜率天に生れて娯楽快楽するだろう」（「栄花物語」もとのしづく）と讃えられ、後朱雀天皇が寛徳二（一〇四五）年没するときに、護持僧の明快を召して、「年ごろ願うところは兜率の内院である。この兜率上生の本意をたがえぬように祈れ」と命じたので、明快は鉦を打って祈った（「栄花物語」根合）ことなどからもうかがえる。

こうした貴族社会の上生信仰は、院政期に入っても衰えなかった。中御門宗忠《なかみかどむねただ》は右大臣にまで進んだ院政期の貴族だが、かれの日記「中右記《ちゆうゆうき》」をみると、阿弥陀信仰とならんで弥勒信仰の記事がたびたび出てくる。

あるとき、新宰相中将宗道《むねみち》が宗忠に、「夢であなたの父上大納言宗俊《むねとし》卿にお会いしたが、『私は天上にいるが楽もなければ苦もなく、兜率天から召されているがまだ兜率天に詣っていない』といわれた」と告げた。これを聞いた宗忠は、「つらつら思うに亡くなった父のいるところは欲天の中ぐらいで、まだ兜率天には昇っていないらしい」と考え、宗俊の手跡の反故《ほご》を集めて経典を写し、弥勒像を描いて廻向し、宗俊の兜率上生を祈った（「中右記」承徳元年九月五日条）。このような追善的上生信仰の一方では、両親の三会値遇を願ったり、弥勒石仏に「阿弥陀経」を供養して三会値遇を期したりもしている（同康和五年六月二十四日、長治元年十月四日、大治五年五月二十五日、元永元年閏九月二十七日条）。

宗忠が仕えた堀河天皇は、末代きっての賢主と謳われたが、「ただ安養を願い、ひとえに兜率の内院を期す」（「江都督納言願文集」一）と記されるように、極楽往生と兜率上生をあわせ願っていた。宗忠は、天皇が没する数日前に内大臣源雅実に命じて丈六弥勒像を造りはじめたと聞き、「まことにこれ大善根である。さだめて願いおぼしめすところがあるのだろう」と喜んだ（「中右記」嘉承二年七月十日条）。天皇の死後、源雅実が、「堀河院に参入し御物をとり出したところ、先帝の髪の切れを厨子の中からみつけた。これは先帝ご元服のときの髪だが、どこに納めたらよかろうか。高野山に埋めてはいかがであろうか」と宗忠に相談したので、宗忠は、「それは一番よい方法である。高野山は清浄の地で、弘法大師が入定し慈尊出世の三会のあかつきを待っているところである。ことに先帝は、慈尊に会いたいという願いを平生から懐いておられたのだから」と、高野山に遺髪を埋めるよう勧めた。

その翌日、宗忠が法成寺御堂に詣で左宰相中将忠教に会うと、忠教は、「白河法皇（堀河の父）の夢に堀河天皇が現われて、『私はすでに兜率に生れた。ただし算は三寸にすべし』といわれた。白河法皇は、『内院上生は随喜すべきことだが、算は三寸とは心得ぬ』と大江匡房に問うたが、碩学の匡房もこれは思案がつかなかった」と話した。宗忠はこれを聞いて、「もしや算というのは寿算のことではなかろうか。三寸とは三会のことだろう。（兜率天に上生し）天寿を得て、慈尊三会のあかつきにおよぶということだ。まことに随喜すべきである」と思った。翌年、香隆寺の済朝阿闍梨の夢にも堀河天皇が現われ、「私はすでに兜率天に上り座している」と告げたと聞き、宗忠は、「つらつら往事を思うに、堀河天皇はさだめて兜率上生をとげられたことであろう」と日記に記している（『中右記』天仁元年正月十四日、二年十一月十五日条）。

しかしその一方では、宗忠は極楽往生思想も強く、雲居寺の瞻西上人のもとで極楽堂をみて、「まことにもって神妙なり。往生の業、自然に催す。終日念仏して晩頭に帰る」などと記している（『中右記』元永元年閏九月十八日条）。要するに宗忠の信仰では、阿弥陀信仰と弥勒上生信仰が、摂関期の道長などの場合と同様に併存しており、またそこに宗忠自身なんの矛盾も感じていないのである。

「高才明敏、文章博覧」「天下の明鏡」と讃えられた一代の碩儒大江匡房は、「続本朝往生伝」を編纂し、その序文に「それ極楽世界は不退の浄土なり。……生死の山高しといえども誓いを恃《たの》みて越えむことをおもう」と記した熱心な阿弥陀信者だが、かれが代作した願文を集めた「江都督納言願文《ごうとくなごんがんもん》集《しゅう》」には、三会値遇の願文（巻二　院被供養熊野山多宝塔願文、巻三　内府金峰山詣）とともに、極楽往生とならんで兜率上生を願う院政期貴族の信仰を記した願文が数多く収められている。「十善は重ねて薫る。兜率の内院疑なし」「この功徳をもって二世に廻向し、花報のいたるところ兜率に詣で、慈氏に奉《まみ》えん」「極楽兜率の間、まさに微望をとげん」といった願文をよむとき、院政期の貴族の間で、兜率上生の信仰が、極楽往生とならんでなんの抵抗もなく信奉されていたことを知るのである（同巻二　院金峰山詣、巻五　定子天王寺舎利供養、奉為故博陸殿室家被供養自筆法花経願文、不知願主作善）。

上生信仰存続の理由

このように弥勒上生が院政期になっても存続した理由の一つは、その二世利益的色彩の強さが、来世の救済だけではなく現世利益をも強く求める貴族たちに支持されたためかもしれぬ。

貴族社会の上生信仰では、「お仕えしている皇太后（妍子）、一品の宮（禎子）のご息災を祈り、さらにおのおの二世の大願がかない、一切衆生も同じく現世安穏・後生善処その思いをとげ、……兜率天に生れて娯楽快楽するであろう」（「栄花物語」もとのしづく）、「除病延命……兜率の内院疑いなし、……二世の加護を被る」（「江都督納言願文集」二）、「この功徳をもって二世に廻向し、花報のいたるところ兜率に詣で、慈氏に奉えん」（同五）など、くりかえしのべられている。

しかし、院政期の貴族たちの信仰の根底に流れる、「後世を祈るのは、現世の満足を後世に延長せしめんがため」（家永三郎『日本思想史に於ける否定の論理の発達』五九頁）という摂関期以来の思想——それは「現世の歓楽かくのごとし、後生の菩提すべからく求めん」という「江都督納言願文集」の一節に最もよく示されているが——は、現世にはすなわち宝寿を南山《なんざん》に保ち（終南山が崩れないと同様に長寿を保つ意）、来世にはまた素懐を西土にとげん」「また百日の斎戒を修し、行行歩歩ひとえに二世の資糧に宛つ。……門楣《もんび》（一門）みな栄え、子孫慶あり……現世にはすなわち羽林（近衛府の唐名）の月を保ち、後生にはまた竜花の春をのぞまん」（「江都督納言願文集」三）、「現在は長生し寿算を保ち、慈尊の出世を期さん」（『平安遺文』金石文編四〇八号）など数多くの願文に明らかなように、兜率上生信仰に限らず、極楽往生や弥勒下生の信仰にも、程度の差こそあれ二世利益的色彩を加味していたのである。

それゆえ、たとえ上生信仰存続の一因が、その内蔵する二世利益性にあったとしても、それを過大に評価することは危険であろう。むしろ、二世利益性を内蔵するとはいえ、いちじるしく自力作善的・持戒的といわれる兜率上生の信仰が院政期貴族社会でなお容認され得た理由、すなわち、民間の場合のように自力往生への危懼不安の念が深まらず、他力的な阿弥陀信仰へと向わなかった理由こそ、より本質的な問題といえるのではあるまいか。

そこでひるがえって、院政期の民間での阿弥陀信仰の隆盛、弥勒上生信仰の没落、他力的な下生信仰の発達などの理由をみると、結局それらは前にのべたように、末法到来として意識された社会の混乱にともなう罪悪感・自力往生への無力感などの発達によると思われるから、貴族社会にこうした信仰上の転換が行なわれなかったのは、貴族の末法意識がその具体的内容において民間のそれと多分に異なり、そこから生ずべき罪悪感・無力感に支えられた後世への恐怖が、民間の場合に比べて一面不徹底だったためではないかと考えられるのである。

貴族社会の末法観

貴族社会の末法意識は、「王法の澆薄《ぎようはく》（世が末となっておとろえるさま）、乱世のはじめ」「仏法王法破滅のときか、……誠にもって恐れあり」「いよいよ末世におよばば、さだめて朝家（皇室）滅亡するか」「ただに仏法の陵遅《りようち》（おとろえ）にあらず、かねてまた王法の澆薄か」（「春記」長久元年四月某日条、「中右記」天仁元年三月三十日、四月二日条、「扶桑略記」永保元年四月二十八日条）などと記されたように、鎮護国家仏教思想のもとでの王法仏法相依相関の立場で理解されていた（寺崎修一「日本末法思想の史的考察」『文化』一ノ二）。末法到来による仏法の破滅は、そのまま、仏法に護られた貴族社会を中心とする国家体制の破滅である。ことばをかえれば、貴族階級の支配体制の没落こそは末法の現われであった。それゆえ、八幡太郎義家が弓箭をおびて白河天皇の石清水行幸に行をともにしたことは、新興の武士が貴族階級の特権を侵す行為として受けとられ、貴族たちは「末代の作法はかるべからず」と非難したのである（「師記」永保元年十月十四日条）。

そうした意味で、かつて家永三郎氏が、

中右記や玉葉の、いわゆる「天下破滅」「仏法王法滅尽」が、政治および宗教界における貴族階級の支配権と、これに対応する秩序および価値体系との危機を意味するにとどまることは、特に注意しなければならぬ点である。（『日本思想史に於ける否定の論理の発達』六四頁）

と指摘したのは、かれらの末法観の本質をよく示しているといえよう。しかし、家永氏はさらにつづけて「かれらは、かかる階級的危機の体験を媒介として、さらに深く人間存在そのものの危機をも把握することができた」とのべているが、厭離穢土の浄土教の母体となるべきこうした思想は、院政期の民間の一部にみられたそれと比較し得るほどに深刻な発達をとげたであろうか。

すでにのべたように、民間の浄土教の発達に拍車を加えた末法思想が、社会秩序の崩壊、戦乱の連続、天災地変などによって在地の人々に自覚されるとき、おそらく、それは貴族社会の末法意識と比較して、より直接的であり、より深刻であったろう。民衆は、かれらの日常生活の場である荘園の興廃をめぐる抗争や、天災による凶作の中に末法の到来を感じ、現世に絶望するとともに、功徳を積み得ぬ身として後世の恐怖におののいた。しかし、こうした在地の混乱、中央への愁訴も、「末代の例として、庶民の愚、その会釈を忘れ、ほしいままに訴訟を好む」（『平安遺文』古文書編二五一一号）行為としてのみとらえる貴族階級の間では、支配権没落のおそれは生じても、その末法到来観は、みずからの罪悪感、後世への恐怖感には、かならずしも直接むすびつかなかったのではあるまいか。

貴族の罪悪感 民衆の罪悪感

もちろん私は、当時の貴族社会に、家永氏のいうような個人的危機意識が全くみられぬといっているのではない。「梁塵秘抄」や「今昔物語」などに現われた民衆の罪悪感がきわめて素朴なのに対し、摂関・院政期の貴族社会の文学作品には、作者の高い教養に支えられて民間にはみられぬような深い自省の意識が生じている。

「源氏物語」をよむと、登場人物たちは、「どのような罪深い身のゆえに、かかる世にさすらうのであろうか」（玉鬘）、「私は死んだ父の成仏さえ妨げているのかと、病苦のうちにも罪の深さを感じ、一層消え入りたいように思う」（総角）、「おしなべてこの世を厭い、歎きに沈んでいるわが身は、どんなにか罪深いことであろう」（早蕨）と、「前の世の報い」（須磨）「この世ならぬ罪」（賢木）「後の世の罪」（柏木）にたえずおそれおののくのである。しかし注意しなければならぬのは、こうした罪業意識も、その根底には、現世で功徳修善を積めば、罪を滅して来世ではかならず救われるという確信が存在している点である。

さあ、いまはこの罪を軽くするほどの行ないをなさい。……罪を軽くする功徳をかならずつとめなさい。（若菜）

「故宮の忌日には、しかるべく法事を営んでくれるように、万端のことを阿闍梨にたのみました。住居のあとは寺になさい。……罪障が消滅するようにしたいと思いますので。……」

と、自分でも経や仏を供養するつもりらしい。（宿木）

とあるように、寺が営まれ、数多くの経や仏像の供養が行なわれ、功徳が積み重ねられる。供養の行事、もろもろの仏会や講は、経典に説く浄土の姿そのままであり、人々はその中で「美的＝宗教的恍惚」にひたり、罪を忘れるのである。

権大納言殿（光源氏）の御八講に行っておりました。たいそうありがたく、仏菩薩がおいでになる浄土の飾りにも劣らぬほど荘厳で、舞楽など興あることのかぎりをなさいました。権大納言殿は、仏菩薩の変化《へんけ》の身だからこそ、このような御八講をなさることができたのでしょう。（蓬生）

（法華八講の日は）弥生の十日のことなどで、花の盛りで、空のけしきなどもうららかで風情にとみ、仏のおいでになる浄土のありさまもこのようかと思いやられて、格別信心の深くないものでも罪は消滅するでしょう。（御法）

といった「源氏物語」の一節は、そのありさまをよく伝えている。こうした功徳の集積の上に、「父宮が、罪障深い人の行くという地獄に沈むことは、よもあるまい」（総角）という後世の浄土往生への確信が生じてくるのも、まことに当然といわなければならぬ。

しかし、こうした叡山の諸行往生思想に立脚していたと思われる「源氏物語」の罪業意識も、現世の歓楽によいしれる貴族や女房たちを背に、水鳥のあそぶのをみても「水鳥はあのように楽しげにあそんでいるとはみえるけれども、それ自身は実に苦しいのだろうと、わが身に思いくらべられる」（「紫式部日記」）という、作者の深い自省の上にはじめて成立したものであった。

当時の貴族社会一般の罪業意識が、「源氏物語」などのそれに比して、はなはだしく不徹底だったことは、「栄花物語」のつぎのような話しからもうかがえるだろう。

すべてにあわれで心細い夕暮れ、皇太后宮妍子に仕える女房たちは、縁ばたでぼんやりみやりながら、おたがいに語りあった。「このようにはかない世に、罪ばかり重ねてすごすのは大変いけないことです。さあ男の方々にも加勢していただいて、法華経を一品あて書写し供養しようではありませんか」「それはよいことです」と話しがまとまり、妍子のところに行き、「このようなことをしたいと思いますが、いかがでしょうか」と申しあげる。妍子は、「それはよいことです。ではしっかり写しなさい」といって、「しかるべき人々三十人ほど結縁して写経なさい。まず法華経の序品を写すのは五の御方（藤原為光の女）、方便品は土御門の御匣殿《みくしげどの》（藤原正光の女）……」などと写す人をさだめられる。いまはすっかりさだまって、女房たちは、どのように写経しようかと、聞き苦しいほどさわぐ。夫をもっていても夫の身分がそれほどでない女房は、どのようにしようかと思うし、まして夫をもたぬ女房たちは、ただ思いなげき、交際のある殿方君達《きんだち》がみなそれぞれに援助してくれるかと思案する。いまや写経も功徳とはみえず、女房たちのはりあいのようで、かえって罪つくりにみえた。

こうして、金泥で書き、七宝でかざり、紫檀の函に納めるなど、おもいおもいに贅をこらした「法華経」は完成し、女房を前にした講師の僧は、「兜率天に生れて娯楽快楽なさるだろう」と写経の功徳を讃えるのである（「栄花物語」もとのしづく）。そこでは「源氏物語」にみられた罪業意識さえ完全に抹殺され、功徳修善は貴族社会の日々の遊戯と同一視されているのである。

そうした功徳万能の思想は、院政期に入っても衰えることなく、かえって盛んになった。法皇や貴族たちは、あいついで豪華な阿弥陀堂を建立し、金色の仏像を安置したが、その国の費えもかえりみぬ功徳主義は、白河上皇の法勝寺供養の際に南都の浄土教家永観《ようかん》（一四二頁参照）が「よも罪には候はじ」と語り、あるいは中御門宗忠が「過差《かさ》（分にすぎたこと）のきわみ説きつくすべからず」「過差美麗万人の目を驚かす」と新興貴族である受領《ずりょう》（任地におもむく国司のこと。任国で収奪し、巨利を博し、院政政権を支えた）たちの仏像供養を評したように、識者の顰蹙《ひんしゅく》をまねくに十分だった。そこでは、かつての源信と勧学会や二十五三昧会結衆を中核とする救済宗教としてのあの熱烈な精神的高揚は消え、貴族社会没落への不安は、かえって、後世の救済を確実にするという功徳の集積を急がせ、滅びを諦観したような利那的頽廃的享楽主義が、院政期貴族社会をおおったのである（井上光貞『日本浄土教成立史の研究』一九八頁、速水侑『観音信仰』一九八頁）。

こうした功徳主義のもとでは貴族たちの罪悪感は不徹底であり、「荘園の人々を召して、このたびの供養のことは阿闍梨のいわれるとおりに準備して行なえ」（『源氏物語』宿木）と命ずることのできる貴族たちの間では、民衆が「はかなくこの世を過しては、いつかは浄土へまいるべき」「わが身は罪業重くして、終《つゐ》には泥犂へ入りなんず、入りぬべし」「現世はかくてもありぬべし後生わが身をいかにせん」（『梁塵秘抄』二三八、二四〇、二八三、三五五、四四〇）と悲歎したような後世への恐怖は、さして切実でなかった。

かつて僧侶が光源氏を「仏菩薩の変化の身」と讃えたように、院政期の貴族たちは、法皇や天皇を、

「伏して考えるに、聖霊陛下は中国の名君堯・舜の再誕であり、釈迦・慈氏の化身でもある」「十善の身（十善の戒を持つ人は天に生ずるという仏教思想から、天の子である天皇は、前世で十善を行なった果報により、現世で皇位についていると考えられた）の上皇が兜率の内院に上生されるのは疑いない」「すでに十善の功徳がある上に、八度の修行をくわだてられた。浄土往生にたのむところのないことがあろうか（これらの功徳で当然往生できるはずだ）。その上さらにこの立派な伽藍まで建てられたのである」「十善は古くからのすぐれた因《たね》である。なんの罪業もこれを妨げることはできまい」と、罪業の妨げなく、浄土に往生すべくさだまった身を讃えたが、貴族たちもまた十善の身ではなくとも、「楚越《そえつ》（中国の竹の多産地帯）の竹も記するあたはず」「契稷《せつしょく》の策《はかりごと》も計るあたわず（古代中国の賢い水官〈契〉や農官〈稷〉でも数えきれぬほど多数の）」という莫大な善根功徳を、「ひろく仏事を作して」積み得る以上、「どうして死後、輪廻の郷に駐《とど》まることがあろうか」「どうして生死の海に滞《ただよ》うことがあろうか」「かならずや十方の浄土に遊化することができるはずだ」という確信を懐いていたのであった（「本朝続文粋」巻十二　鳥羽勝光明院供養、太上皇高野御堂供養。「江都督納言願文集」巻二　院金峰山詣、巻三殿下御八講願文、為阿婦尼作善、巻五　帥三位千日講、顕季卿室千日講結願願文）。

極楽・兜率の間にのぞみをとげん

摂関貴族社会の浄土教に源信の思想の与えた影響の大きなことはいうまでもないが、それは院政期の貴族社会浄土教でも同じであった。中御門宗忠は、夢に「往生要集」十楽文をみて、「これは、このごろ『往生要集』をよみ、心に銘していたためであろうか」と喜んでいる（『中右記』保延二年三月十七日条）。ところで、その源信の往生思想について、院政期の『三外往生記』は、つぎのような説話を記している。

延暦寺楞厳院の沙門妙空は、浄土を欣求し世のけがれに染まぬ生活を送っていた。あるとき妙空は源信僧都に、「私は浄土に往生したいという願がありますが、往生の業を修することができません。どのようにすれば、この願いをとげられるでしょうか」と問うた。源信は、「丈六の仏像を造れば浄土に生れるということですから、造像につとめるべきでしょう」と答えた。妙空はこれを聞いて、丈六の仏像を造った。

この妙空と源信の問答は、『叡岳要記』『古事談』などに引用されており、当時有名だったらしいが、そうした点はあまり問題でない。むしろ重要なのは、院政期の貴族たちが、源信の往生思想を、（一一四頁参照）。もちろん妙空と源信の間に、このような問答が実際にあったかどうかはわからない造像などの功徳の集積を前提とするものと解している点である。やはり、院政期の代表的浄土信者の貴族で『江都督納言願文集』の編者大江匡房は、『続本朝往生伝』の源信伝の中で、源信は念仏を第一としたとしながらも、「一生の間に行なった善根は、あるいは仏像を造り、あるいは経巻を写し、あるいは布施を行ない、あるいは他人の善根を助けるなど、大小のことがら種々の功徳、一々書ききれぬほどである」と記している。これからしても、院政期の貴族たちが、かれらの信奉している源信の浄土思想の本質を功徳修善重視の諸行往生思想と考えていたことは疑いない。「三外往生記」をはじめ諸書のこぞって引用する妙空の造像説話も、こうした思想の一面を正しく伝えているといえよう。

しかしもっとも興味深いのは、源信と妙空の問答につづけて「叡岳要記」が、「これは慈鏡阿闍梨が丈六像を造って兜率に生じたのにならったものである」と記したように、こうした極楽往生願望者の思想が、「丈六の仏像を造る人は、子孫に至るまで悪道におちぬ」と聞いて造像した後朱雀天皇（「宇治拾遺物語」四）、丈六弥勒像を造った堀河天皇（「中右記」嘉承二年七月十日条）などの兜率上生願望者と、その功徳修善の重視において、また造像をはじめとするその具体内容において、全く共通している点である。それは、貴族社会では院政期になっても、弥勒上生信仰も阿弥陀信仰も往生思想とは、要するに一念往生ではなく修行往生、造寺・造仏・写経をはじめもろもろの功徳の集積により善を修し悪を滅すものとして、全く同一に理解されていたことを示すのである。

弥陀の誓いぞたのもしき、十悪五逆の人なれど、ひとたびみ名を称ふれば、来迎引摂疑はず（「梁塵秘抄」三〇、一三七）

と歌われたように、功徳修善を積むことができず後世の恐怖におののいた民衆は、「十悪五逆の輩も、最後の念仏の力で往生できる」（「三外往生記」甲斐国優婆塞）という阿弥陀専修・一念往生思想にすがらざるを得なかったが、こうした民間浄土教に対し、功徳の集積が可能であり、摂関期以来諸行往生思想が根幹をなし、極楽往生も往生手段としての功徳の集積において兜率上生と差異なく理解されていた院政期貴族社会では、阿弥陀専修に赴く必然性はなにひとつないであろう。かつて源信がいみじくも語ったように、「おのおのの性の欲するにしたがい、情に任せて」どちらの浄土を願うことも可能なのである。

「中右記」や「江都督納言願文集」には、後朱雀院や堀河院同様の「兜率上生の業」が数多くみえるが、院政期の貴族社会における弥勒上生信仰存続の根本理由は、功徳の集積を可能にする貴族たちの、民衆との階級的相違が、末法思想にともなうべき罪悪感・無力感などを不徹底なものにし、民衆の指向した一念他力的阿弥陀信仰とは異なる自力作善的諸行往生思想を存続させ、ついに極楽往生と兜率上生との差異を意識せずに終った点にあるといえよう。

そこにおいて、極楽・兜率の両信仰はついに分離することなく、同一人の貴族が同一の願文の中で両浄土への往生を願う形をとった。「上は兜率に征き、西は弥陀に遇う」「横は弥陀にあい、竪は兜率に往く」「ただ願うは安養の上生、ひとえに期するは兜率の内院」といった諸々の願文は、そうした貴族たちの信仰を伝えている。まさに平安貴族社会の浄土教とは、極楽浄土に往生するということではなく、「極楽・兜率の間に、かすかなのぞみをとげん」（「江都督納言願文集」巻五　不知願主作善）という信仰であったのである。

V　中世浄土教の成立と弥勒信仰

1　旧仏教と弥勒信仰

法然の出現

法然・親鸞に代表される中世浄土教（鎌倉時代浄土教）の源流については、すでに多くの学者によってすぐれた研究が発表されている。家永三郎氏は、中世浄土教の特色である悪人往生・在家往生の思想が、すでに院政期の往生伝などに明らかに認められ、中世浄土教のこうした思想は、いわば平安朝以来の伝統的思想のおのずからなる帰結であるとした（「親鸞の宗教の成立に関する思想史的考察」『中世仏教思想史研究』所収）。さらに井上光貞氏は、それが源信以来の観想的貴族浄土教の系譜ではなく、院政期の民間でめばえ発達したものであり、法然の浄土教は、「往生要集」との訣別の上に成立したと論じた（『日本浄土教成立史の研究』）。

法然・親鸞の中世浄土教は、思想史の流れの中でみれば、突然出現したものではなく、平安末期の末法思想の深化、罪業観の発達などのもとで徐々に発達し、ついに阿弥陀一仏への絶対帰依によって末法思想を克服し、悪人正機の境地にまで到達したのである。では、そうした末法思想なり罪業観が、平安末期のどのような階層で特に深化したかといえば、こうした末法到来の救済としての弥勒下生信仰の発達、罪業観にともなう自力的上生信仰の否定や地蔵信仰の発達などが、本書でのべたように民衆的世界の所産といえることは、そうした中世浄土教発達の土壌が、貴族社会よりもむしろ民衆的世界であったことを暗示するのではあるまいか。

しかも、中世浄土教の末法思想克服や悪人往生思想の根幹をなす阿弥陀一仏専修・阿弥陀本願絶対帰依の思想と、院政期の民間における地蔵信仰や弥勒下生信仰は、ある意味できわめて近い関係にあった。井上光貞氏は、民衆の地蔵信仰の中に、罪障の自覚、地獄必定の意識、地蔵大悲の本願とそれへの絶対帰依、諸行の否定と地蔵宝号の専修、さらには悪人正機など、法然・親鸞の中世浄土教における弥陀一仏絶対帰依の思想と非常に近いものがあるとした。また、本書でのべた民間の弥勒下生信仰で「今は当来弥勒の三会のあかつき疑わず」といった、弥勒菩薩本願への絶対帰依により末法到来から救済されようと願う点も、以上のような思想とあい通ずるものといえよう。

しかし、同時に注意しなければならぬのは、院政期の民間浄土教では、末法思想や罪業観からの救済が、中世浄土教のような完全な阿弥陀専修ではなく、しばしば、このように弥勒下生信仰や地蔵信仰の形を借りて行なわれたことである。もし、真に弥陀本願への絶対帰依によって末法思想が克服され悪人正機の阿弥陀浄土信仰が確立するならば、こうした弥勒下生信仰や地蔵信仰は、その存在の意義の多くを失うであろう。それが院政期の民間で、阿弥陀信仰とならび、あるいは阿弥陀信仰と複合して展開したということは、ことばをかえるなら、院政期民間浄土教の未熟を示すのではあるまいか。

院政期の民間浄土教では、たしかに阿弥陀専修による悪人往生思想も形成されつつあったが、なおそれは、一面において、民間宗教の伝統ともいえる狂躁的呪術的信仰から完全に離脱していなかった。聖や沙弥の浄土教は、既成教団の権威を否定はしたが、旧来の浄土教学にかわるあらたな教理体系を創出できず、一種奇矯とも思える激しい言動によって、悪人往生・弥陀本願絶対帰依の信仰を吐露するほかなく、それは一歩あやまれば、頽廃的非倫理的行為につらなる危険性を孕んでいた。

一例をあげれば、静慮院供奉《せいりよいんぐぶ》順源は、自分の娘を妻とし、弟子たちにその非倫理的行為を非難されると、「お前たちは、仏の説かれたところを知らないのか。経に、すべての女人は、みな母であり娘であり姉妹であると記されているではないか。してみれば、どの女が親族で、どの女が疎遠であるなどという区別はできぬではないか（自分の娘もほかの女人も同じことだ）」と強弁して、最後には極楽往生をとげたという（『拾遺往生伝』下）。

また、末法到来の自覚の深まりは、ひいては現世の一切の存在価値を否定することになり、焼身・入水といった捨身往生が民間布教者（聖《ひじり》）の間で流行したが、これをみようと雲集する民衆は、「随喜の涙、襟に満たざるはなし」と伝えられるように、こうした自殺行為に共感し、これを賞讃したのであった。かように院政期の民間浄土教は、中世浄土教の基礎をなすべき思想の萌芽がみられるにもかかわらず、それを教義的に確立すべき術《すべ》をしらず、いわば一種の袋小路の中で自虐的行為をくりかえしていたといえよう。

そうした現実のもとで、阿弥陀仏が真実の救済者として純化されていないために、「この空白を埋めるものとして」末法救済の弥勒下生信仰、地獄抜苦の地蔵信仰などが、阿弥陀信仰と併存したのは当然であった。

法然の浄土教は、院政期の民間浄土教に淵源するとはいえ、こうした低劣な状態から離脱したところにはじめて成立したのであり、またそれゆえに、民衆の間にひろく受け入れられ、既成教団の牙城をおびやかすことができたのである。

法然を批判する人々

法然の出現は、永らく鎮護国家の美名のもとに安眠をむさぼっていた既成教団の根底をゆるがすものとして、大きな衝撃を与えた。旧仏教の内部では、自己教団の腐敗を粛正するとともに、当時の貴族社会・貴族仏教に根強くのこっていた弥勒上生信仰を強調し、阿弥陀専修の法然浄土教に対抗しようとした。こうして鎌倉初期、「いちじるしく反動的な上生信仰隆盛の傾向」（桜井秀『平安朝』下、総合日本史大系所収）が、一時的とはいえ、社会の注目するところとなるのである。

そうした法然批判の口火を切ったのは、解脱《げだつ》上人貞慶《じょうけい》（一一五五～一二一三）であった（貞慶の伝記は、堀池青峰「貞慶」家永三郎『日本仏教思想の展開』所収、平岡定海「日本弥勒浄土思想展開史の研究」『東大寺宗性上人之研究並史料』下所収に詳しい）。かれは、有名な少納言藤原通憲（信西）の孫である。平治の乱（一一五九）で、平清盛とむすんだ通憲は源義朝に殺され、一族は没落したが、貞慶は、一一六二年、八歳で興福寺に入り、仏門の道を進んだ。しかし、当時の仏教界の頽廃は、真摯に仏門に精進する貞慶の態度とどうていあい入れぬものだった。建久三（一一九二）年、かれは関白藤原兼実《かねざね》を訪れ、春日明神の御心であるといって、笠置寺に隠遁する決意を告げている。

『元亨釈書』によると、この隠遁の直接の原因は、建久元年の宮中の最勝講であったという。講に招かれた貞慶は、貧しくて乗りものや下僕がなく、人に借りて宮中に赴いたため講会におくれた。しかも会衆の服装きわめて美麗な中で、貞慶だけそまつな衣服だったので、会に列した貴族や僧侶は貞慶をあざ笑った。そこで貞慶は、このごろの僧は法儀にそわず、ただ浮華を競うのみであり、このような人々とともに学ぶことはできぬと考えて、笠置に隠遁したというのである。

この話は後世の創作らしいが（平岡前掲論文、五八八頁）、貞慶が、当時の興福寺を中心とする既成教団のあり方に強い不満を懐いていたのは事実であろう。当時の僧侶たちの生活がいかに浮華に流れ、戒律が地におちていたかは、つぎのような説話からもうかがえる。

ある僧が、僧坊に泊めた稚児に魚をたべさせようと、佐保川で漁をし、弟子たちに火をたかせ、生きた魚を鍋に入れた。魚が鍋からとび出すと、稚児が水ですすいで、また鍋に入れる。僧はこれをみて、「よしよし、よくした、よくした。稚児どもは、そのようにものに臆しないのがよいぞ」という。火をたいている弟子が、「このように生きた魚を煮てたべるのは、なんの戒を犯すことになるでしょうか」と聞くと、「小乗の声聞戒でいえば波逸題《はいつだい》、大乗の菩薩戒でいえば波羅《はら》夷《い》を犯したことになるな」と、たちどころに答える。まことに戒律についての学問知識は立派なものだが、その実際の行ないは散々である。(「沙石集」三)

しかもこの僧が、かつて貞慶に戒律を学んだ人物だというのだから、当時の教団の頽廃ぶりも察せられるであろう。貞慶が隠遁を決意したのも、無理からぬことである。

笠置寺は、古くから弥勒石仏で有名で、貴族社会の尊崇を集めた寺である。貞慶は、建久元年に、笠置寺竜華会の願文を起草しており、このころから、笠置寺・弥勒信仰への関心は深かったのであろう。やがて建久九年、貞慶は笠置の十三重塔を復興し、元久二（一二〇五）年には、法然の専修念仏を批判する「興福寺奏状」を執筆し、かれの名声大いにあがった。貞慶は、既成教団の腐廃に失望して仏門に精進した点、天台を去った法然と通ずるものがあったが、結果においては、法然批判のチャンピオンとして、旧仏教を代表する形になったのである。

このころ京都の栂尾には、「春日明神のご託宣に、明恵《みようえ》房・解脱房をわが太郎・次郎と思うぞと仰せられた」(「沙石集」五)と伝えられる明恵上人高弁がおり、「摧邪輪《さいじやりん》」を著して、法然の念仏を激しく批判していた(明恵の伝記は、田中久夫『明恵』人物叢書が詳しい)。寛喜四（一二三二）年没する際に、

「われは名聞にまじわらず、この身をもって一切の衆生を度し、兜率天の四十九重摩尼殿の前にまいろうとするものである。かならずわれを摂取したまえ」と、雙眼から涙を流し、「南無弥勒菩薩」と両三度となえ、手をあげて信仰の念仏を勧めた。（「古今著聞集」二）

と伝えられるように、かれもまた弥勒信仰を鼓吹していた。

さらに、貞慶の弥勒信仰は、東大寺の宗性《そうしよう》上人にうけつがれた。宗性は、貞慶を追慕し、弥勒像を造り兜率上生を願い、有名な「弥勒如来感応抄」を編纂した。その門下の実弘もまた弥勒を信じ、延応元（一二三九）年ころ、兜率上生を願っていたという。

釈迦と弥勒は一体

このように、旧仏教側の法然批判の人々は、多くの場合、法然の阿弥陀専修に対抗するものとして、弥勒信仰を信奉した。そうした人々の弥勒信仰の性格がどのようなものであったかは、中心人物である貞慶の信仰を通じてもっともよくうかがうことができるので、以下、貞慶の説くところを中心にみていくとしよう。

元久二（一二〇五）年、貞慶は旧仏教の立場から法然教団の過失を九カ条にわたって列挙して激しく批判し、念仏禁断を朝廷に訴える「興福寺奏状」を起草したが、その第三条には、法然教団の「釈尊を軽んずる失」として、つぎのようにのべている。

およそ三世《さんぜ》（過去・現在・未来）の諸仏は、その慈悲において均しいとはいえ、中でも一代教主釈迦牟尼仏の恩徳は、特に重いのである。心ある人々で、この道理を知らぬものはあるまい。ところが阿弥陀専修の徒は、「身は余仏を礼せず、口に余号を唱えず」という。余仏・余号というのは、つまり阿弥陀以外の釈迦など諸仏のことである。専修よ専修よ、おまえたちはだれの弟子なのか（釈迦の弟子ではないのか）。弥陀の名号を教えてくれたのはだれだったのか、安養の浄土を示したのはだれだったのか（みな釈迦ではないか）。末世に本当の師である釈迦の名を忘れるとはあわれむべきことだ。

このように貞慶は、法然の阿弥陀専修に対し、釈迦こそ真の師であると釈尊の絶対性を強調し、唐招提寺などで、たびたび釈迦念仏の会を設けた。笠置寺でこころみた南都戒律の復興も、それによって釈尊の旧に復するのを目的としたものである。こうした釈尊帰依は、貞慶の場合に限らず、明恵の場合にもみられる。明恵は、釈迦を追慕するあまり、釈迦の故郷である天竺（インド）に渡る計画をたてた。これは結局実行されなかったが、唐の長安から天竺の王舎城まで八千三百三十三里、もし一日に五里ずつ歩けば五年六箇月と十日目の午尅に王舎城に到着するというこまかい計算までした行程記が高山寺にのこっている。阿弥陀専修の進出を批判しながらも、旧仏教教団の腐敗を認めざるを得ない人々は、釈迦在世当時のいわば仏徒の初心にたちかえって修行しようとし、そこに釈迦信仰が強調されるのである。

そうした貞慶や明恵の釈迦信仰が、どうして弥勒信仰へ向ったのか。おそらくそれは、末法濁乱のいまにおいては、既往の仏日ふたたび帰らず、ただ濁風いたずらに荒んで、ついにそのやむところを知らざるのみ。すなわち釈迦追慕の情は、たちまち転じて当来仏たる弥勒の出世をあこがれて竜華三会の成道を期するに至ったもので、これまた末法時代の苦悩にもとづく切実なる信仰過程であったのみならず、むしろ釈迦の正法をあこがれてやまざる上人の当然の帰趨であったといわねばならぬ。（『日本仏教の開展とその基調』上、二五〇頁）

という硲慈弘氏の見解が、もっとも正鵠《せいこく》を得たものであろう。

慈尊は釈迦大師の補処の菩薩であり、当来の導師である。仏は、末法の世の持戒破戒無戒の人をすべて慈尊に付嘱し、「みな弥勒の竜華会で解脱を得るであろう」といった。慈尊みずからも「自分は釈迦如来の付嘱を得た。自分を念じないものもなおみすてぬし、まして自分を念ずるものはかならず救うであろう」といっている。（「心要鈔」）

と記すように、貞慶は、弥勒は釈迦の補処の菩薩であり、釈迦から末法の世のわれわれの救済を付嘱されていると理解し、そこに阿弥陀信仰にはみられぬ弥勒信仰の意義を強調したのである。こうした考えが進むと、

釈迦と弥勒は、その実体において同じものである。釈迦は、寂したのちも弥勒となって世に住んでいる。したがって釈迦の浄土霊山も、弥勒の浄土知足（兜率天）も、場所は一つである。

……釈迦の名号を念じ、臨終には正念し、上生内院と称えよ。（「春日権現験記」一六）

と貞慶が語ったと伝えられるように、釈迦弥勒一体、釈迦浄土弥勒浄土一体、釈迦念仏弥勒念仏一体説へと発展するのである。

貞慶の弥勒信仰

以上で、釈尊絶対主義の貞慶や、かれに代表される旧仏教の僧侶がなぜ弥勒信仰に向ったか明らかになったと思うが、では貞慶の弥勒信仰の内容はどのようなものであったろうか。

それは、かれの書いた「弥勒講式」（『大正新脩大蔵経』八四）によって、うかがうことができる。この講式で貞慶は、「おおよそ五門（五章）に分けて弥勒信仰の趣をのべよう」として、「一は罪障を懺悔し、二は弥勒に帰依し、三は内院を欣求し、四は正しく上生をとげ、五は因円果満である」と、信仰の内容を順をおって記している。つまり、兜率の内院を求めて（欣求内院）、まず兜率上生をとげ（正遂上生）、やがて弥勒下生にしたがって現世に再帰し覚りを得る（因円果満）というのが貞慶の理想であり、そこでは、下生は上生の帰結であるという弥勒上生信仰――民間では衰退してしまい、貴族社会を中心に残っていた上生信仰――が、強調されているのである。

では、貞慶は、兜率上生の方法として、具体的にはどのようなことを考えていたのか。「弥勒値遇奉唱敬白文」（宗性「弥勒如来感応抄」一所収）の中で、「兜率天生因」として、

一には諸の功徳を修す

二には威儀欠けず 諸の戒・行のことで、十重禁戒・八斎戒・十善戒などである。

三には塔を掃き地を塗る
四には名香妙華を供養す
五には行衆三昧　念仏三昧は末代にふさわしい。あるいは真言の行法などである。
六には経典を読誦す　弥勒は、この天に生ずるものは法華経を読誦書写する人であるといっている。また大般若経も生因となる。
七には名を称える　一度弥勒の名を称えると千二百劫の罪を滅し、一念すれば天に生ずる。
八には形像（弥勒像）を造立　絵図なども同じ利益がある。
九には供養　香華、衣服、増蓋、幢幡、灯明など。
十には礼拝
十一には繫念《けいねん》（念仏の一種、一七九頁参照）

という十一のことがらをあげている。ところがこれらのことがらは、別に目あたらしいものではなく、「弥勒上生経」に、

諸の功徳を修し、威儀欠けず、塔を掃き地を塗り、衆の名香妙花をもって供養し、衆の三昧を修し、深く正受に入りて経典を読誦し、……まさに繫念して仏の形像を念じ、弥勒の名を称すべし。

と記されている兜率上生の方法と全く同一である。貞慶が、釈尊の教義に復帰しようとする以上、その弥勒信仰でも、「仏説」である「弥勒上生経」に説くところをそのまま引用するのは当然かもしれない。しかし、民間における上生信仰没落の原因が、こうした「上生経」などの説く自力的な諸行往

生思想にあったとするならば、はたしてこうした立場からの弥勒上生信仰の鼓吹によって、阿弥陀専修の易行に対抗することができるであろうか。

弥勒念仏

「悪人も阿弥陀仏の名を称えるだけで往生できる」と説く法然に対抗するには、弥勒信仰側でも、やはりなんらかの易行化を行なわねばならぬ。貞慶といえども、いつまでも諸行往生的立場に固執していたわけではない。「学問がすぐれていても、仏の住んでいるところに近づく（往生浄土）には念仏におよぶものはない」（「心要鈔」）といって、弥勒念仏による上生信仰の易行化を図り、阿弥陀専修に対抗しようとした。

もしそれが、「南無弥勒菩薩」と称えるだけで兜率天に上生できるというのなら、法然の阿弥陀念仏とかわらぬ、称名念仏による易行化として評価できるであろう。しかし貞慶の弥勒念仏とは、

弥勒の相好《そうごう》（顔かたち）、名号、福智、本願、法身（その本体）にいたるまでの一切の功徳を、身心乱れることなく思念して忘却せず、ついには三昧の境に至る。これが念仏の姿である。（「心要鈔」）

とし、ついでこれを説いて、念名号、念仏身、念功徳、念本願、念法身の五義に分け、弥勒の名号を念じ、その身相の光明を観じ、その本願を念じてかならず来迎せんことを願い、ついには法身理観（真如の理を観察すること）を運んで能念所念（能は、ある動作の主体、所は客体。ここでは、念仏する人

と称えられる念仏そのもの）を超えて、あたかも密教における入我我入（如来の身口意《しんくい》三密が我に入り、我の三業が如来に入り、一切諸仏の功徳をわが身に具足すること）のごとくにすべしというものであった（硲慈弘『日本仏教の開展とその基調』上、二九七頁）。それはまさに、かれの学んだ法相の唯識観に立つものであったが、さらにひろく考えれば、貴族社会の観想念仏の域を出るものではなかった。

法然は、造像・写経・持戒などの自力作善を否定し、「弥陀如来は余行《よぎょう》（念仏以外の自力の行）をもって往生の本願とはしていない。ただ念仏をもって往生の本願としている」と説いたが、その念仏とは、「中国や日本のもろもろの学者がいう観念の念（観想念仏）ではなく、南無阿弥陀仏と称える念仏（称名念仏）」であった。なぜなら、

弥陀の名号はすべての徳の帰するところである。弥陀の有している四智・三身・十力・四無畏など一切の内証の功徳や、相好・光明・説法・利生など一切の外用の功徳は、みなことごとく阿弥陀仏の名号の中にある。それゆえ、名号の功徳はもっともすぐれている。余行はそうではなく、おのおの功徳の一隅を占めるにすぎぬから、劣っているのである。

と法然は考えたからであった。（「一枚起請文」「選択本願念仏集」）

こうした法然の称名念仏観に対し、貞慶は「興福寺奏状」の「万善を妨ぐる失」で、およそ仏教の法門は、修行者の機根の深浅によって開かれるものであり、釈迦も永い難行苦行の末に正法を得られたのである。ところが阿弥陀専修の徒は、弥陀一仏の名号のみを執って、他の

すべての出離の道（迷いを脱して覚りを得る修行の道）をふさいでしまった。「法華経」をよむ人は地獄におちるといい、その他、「華厳経」「般若経」などに帰依したり、真言・止観に結縁するような善根も十に八九はみなすててしまった。堂舎を建立し、尊像を造るといった功徳も、土や砂のように価値のないものとして、あざ笑っている。

同じく「浄土を暗くする失」で、「観無量寿経」をみると、浄土に往生するには、一には、父母に孝養をつくし、目上の人には仕え、殺生せず、十善の業を修め、二には、仏法僧に帰依し、衆戒を具足し、威儀を犯さず、三には、菩提心を発し、因果を信じ、経典を読誦せよとある。また塔や寺を造ることも、もろもろの功徳の中に数えられる。ところが弥陀専修の徒は、こうした行を諸行《しょぎょう》としてこばみ、往生浄土は行者の自力によるのではなく、弥陀の願力によるのであるという。

と、法然の諸行往生否定、他力念仏の態度を激しく非難したが、そうした両者の相違は、念仏の性格について論じた「念仏をあやまる失」によく示されている。

能念の相（念仏をする状態）には、口に仏号を称える称名念仏もあれば、心に仏を念ずる心念もある。心念の中には、仏に思いをかける繋念もあれば、仏の相好《そうごう》（顔かたち）を心に観ずる観念（観想念仏）もある。その観念の中も、散位《さんい》（心が乱れる状態）から定位《じょうい》（心を対象に凝らして乱れぬ状態）、有漏《うろ》（迷の世界に屈する状態）から無漏《むろ》（迷を脱した状態）に至るまで分れている。これらの浅深についてみれば、前者は劣り後者はすぐれている。それゆえ、ただ口に名号を称えて観想しない念仏は、念仏として、きわめて粗末で浅いものである。……こうした非難を受けると専修の徒の答えはただ一つ、「口称《くしょう》は、弥陀の本願四十八の中の念仏往生第十八願によっているのだ」という。どうして四十八願の中のただ一つの願をもって弥陀の本願と称するのか。しかも、専修の徒がよりどころとする「ないし十念するものは往生できる」ということの願は、四十八願の中でもっとも劣るものだ。このように観想念仏を本《もと》としながら、下は口称念仏にまでおよび、多念を第一としながら、ただ十念する人も捨てないというのは、仏の慈悲によるものである（称名念仏が念仏本来の姿だということではないのだ）。したがって、本来、浄土往生しやすい念仏というのは、観念であり多念なのである。

かつて源信は、「観経・阿弥陀経は、ただ仏の名号を念ずるをもってさえ往生の業としている。まして仏の相好・功徳を観念するならば、それは、よりすぐれた往生の業である」（「往生要集」大文第八）と、観実相を口称以上に強調した。井上光貞氏のことばをかりるならば、畢境、要集の念仏は、口に阿弥陀仏を唱え、心に阿弥陀仏の相好を観じつつ、このいわば禅定に近い境地を通じて、天台本来の観実相の志向をあくまで捨てざるもの。（『日本浄土教成立史の研究』一一七頁）であるが、貞慶の念仏は、法然の口称念仏に対し、こうした貴族仏教の観想念仏の特徴をうけついでいるといえよう。

貞慶の弥勒念仏は、阿弥陀専修の称名念仏に対抗し、弥勒上生信仰の易行化のために創出されたとしても、本質的には、旧仏教や貴族社会に伝統的に行なわれていた観想念仏の域をさしてでるものではなかったし、それさえ諸々の功徳修善を否定するものではなかったのである。それは釈尊に復帰し、戒律を厳守しようという旧仏教の立場からは、当然のことであったのかもしれぬ。弥勒信仰の易行性を極端なまでに主張する「沙石集」でも、

すべて念仏というものは諸行にわたるのである。称名は念仏の中の肝心であるが、「往生要集」の「正修念仏」の下には諸行が記されている。坐禅は法身念仏、経や呪は報身念仏である。相好を念じ名号を念ずるのは応身の念仏である。称名念仏以外の往生を念仏往生とよぶのも、こうした見方からすればあやまりではない。称名のほかは往生しないと専修念仏の人々のいうことは、あやまりである。（慶長古活字本「沙石集」一ノ十）

と、浄土門の称名念仏に対し、源信以来の貴族浄土教的念仏観の立場を強調しており、旧仏教側の念仏の称名化に大きな限界のあったことが知られるであろう。

兼実と法然・貞慶

貞慶の弥勒信仰が、貴族社会の上生信仰や観想念仏と密接な関係にあることは、以上によって明らかになったが、こうした貞慶と貴族社会の関係は、九条（藤原）兼実《かねざね》との親交を通じてもうかがうことができる。

後に源頼朝とむすんで鎌倉初期の政界に活躍した関白九条兼実は、法然のもっとも有力な支持者であったが、また貞慶にも深く帰依していた。建久二（一一九一）年、兼実は丈六仏像を供養し、法華八講をもよおしたが、そのとき講師となった貞慶を、

その説法は珍重すべきものだ。ただ惜しむらくは声が少し低い。しかし話しの内容といい、弁舌といい、末代の智徳とよぶべきで、感歎すべき人物である。

と讃え、貞慶が兼実のもとを訪れて笠置隠遁の決意をのべると、「これ仏法の滅びる相か。悲しむべし悲しむべし」と歎いている（『玉葉』建久二年二月二十一日、三年二月八日条）。

こうした兼実の貞慶帰依の理由は、貞慶の説法を聞いた後に霊夢をみて、「顕・密・行の三ケ事みなその験あらわる。実に末世といえど、信力の前、効験さらに空しからざるものか。余、情感にたえず」と感歎しているように、主として、旧来の貴族社会の密教的現世利益につらなるものであった。一方、兼実の法然帰依についても、大屋徳城氏によると、その理由は、兼実みずから記すように、「効験あり」「その験ある」ためであったというが、それは、兼実の貞慶帰依の理由と全く同じではないか。しかも兼実が真に帰依していたのは法然ではなく、病を療するのを得意とするなど験者的性格の強い真言僧仏厳《ぶつげん》であったらしい。仏厳は、「十念極楽易往集」の著者だが、その念仏は、「唯心的で、唱名の念仏でなく、観想の念仏」であったという（井上光貞「藤原時代の浄土教」『歴史学研究』一三一、大屋徳城「仏厳と十念極楽易往集」『日本仏教史の研究』所収）。以上から考えれば、貴族社会の中でもっ

とも法然に理解を示した兼実の信仰が、一面においてどのようなものであったかは明らかであり、貞慶の弥勒上生信仰は、その性格からして、むしろこうした貴族社会にうけ入れられやすかったのではあるまいか。

法然と旧仏教側の対立が深まった元久三（一二〇六）年三月、法然に同情的であった兼実の二男摂政良経が変死した。兼実のもとで専修念仏者の保護に腐心していた三条長兼の日記には、これに関連して、つぎのような興味深い一節がある。

つぎにご喪家（兼実の家）に参り、中将藤原定家卿（兼実の家司。「新古今和歌集」の撰者として有名）にお会いした。卿のお話しによると、昨日笠置に行き、故殿（良経）のため「法華経」「弥勒上生経」などを弥勒像の前で供養したという。解脱上人貞慶が導師の役をつとめたが、説法の間もしきりに嗚咽したそうである。貞慶の志、いたって深く、随喜すべきことである。（「三長記」元久三年四月十二日条）

これから考えると、定家はもちろん、良経の父兼実、さらには腹心の長兼も弥勒上生信仰に関心を有していたのかもしれない。かつて兼実の長男内大臣良通が没したとき、仏厳は兼実をたずねて、「良通は天上に生じたことであろう」と告げている（「玉葉」文治四年二月十九日条）。仏厳が真言僧であることからみても、それはおそらく兜率上生を指しているのであり、「三長記」の記事と合せて、貴族社会でもっとも法然を擁護した兼実とその一族にして、なお旧来の弥勒上生信仰が大きな比重を占めていたことを知るのである。三条長兼にしても、この笠置寺の供養の二月前、かれの子息が梅小路で貞慶を導師として「法華経」供養を行なった際、雨の中をわざわざ聴聞に向っている（「三長記」元久三年二月二十九日条）。従兄弟にあたる貞慶に会って、法然と旧仏教側との妥協策をたてようと考えたのかもしれぬが、長兼もまた、貞慶の上生信仰に無関心ではなかったのであろう。こうした貴族社会の人々と貞慶との密接な関係は、貞慶の弥勒信仰が、貴族社会に強固に存在した上生信仰、その念仏が貴族的な観想念仏の形態をとったということと、表裏一体の関係にあるといえよう。

貞慶の弥勒信仰の貴族的性格は、一つには貞慶が通憲の孫として貴族社会出身であることにもよるが、弥勒信仰の面からみれば、阿弥陀専修の風潮に抗し、釈迦弥勒一体説に立って上生信仰をとりあげる場合、それが民間で衰退し貴族社会で盛行している以上、当然貴族的性格に立脚して出発しなければならなかったためであろう。当時の貴族社会では、弥勒講が恒例として行なわれ、天台・南都の僧も多くこれに列したから（「玉葉」寿永元年十二月十九日、二年九月五日、嘉応二年八月五日、元暦二年七月五日条）、貞慶の弥勒会も、おのずと、こうした宮中・貴族社会の仏事に影響されたと思われる。そして、たとい弥勒念仏で易行化を図ろうとしても、これまた阿弥陀専修の称名念仏に対し、釈尊の説く真の念仏の姿を鮮明にしようとするところから、貴族社会の観想念仏の形をとる結果となったのである。

結局、貞慶の弥勒信仰は、貴族社会的なものから脱することができなかったのであり、それは美作の押領使の子として生れ、荘園をめぐる争乱の中で父を失い、民衆の間に阿弥陀称名念仏をひろめようとした法然の庶民性と、きわめて対照的であったといえよう。

旧仏教の弥勒信仰の限界

貞慶の弥勒上生信仰の運動は、法然の阿弥陀専修に対し、釈尊復帰によって旧仏教を擁護しようとするものであった。しかし弥勒上生信仰の阿弥陀専修に対する根本的欠陥——自力性・持戒性——を是正しない以上、貴族社会や旧仏教界の支持は得られても、もっとも必要な民間での展開を十分に果すことはできなかった。

もとより、弥勒信仰の易行化は、貞慶以外の旧仏教の人々の間でも真剣にくわだてられた。「沙石集」や「好夢十因」には、そうした努力のあとがうかがわれる。しかしこれらの書物で、「弥勒上生信仰も、その易行性では阿弥陀信仰に劣らぬ」という主張が、くりかえしのべられているのは、逆にいえば、民衆にとって弥勒上生信仰がいかに自力作善的持戒的と考えられ、民間での布教が困難をきわめたかの証拠である。

建永二（一二〇七）年、土佐に流されんとした法然は、

専修念仏の興行は、永らく京で行なわれていたが、辺鄙の地に赴いて田夫野人に勧めるこそ旧来の念願であった。いま流罪によってその機会が与えられたのは、むしろ朝恩というべきか。この法の弘通は、人はとどめんとするとも法さらにとどまるべからず。（「四十八巻伝」）

と弟子たちに語ったというが、そこには、民衆の求めるものこそ絶対他力の阿弥陀専修念仏であると信じ、弥勒上生信仰による旧仏教の反撃に臆することなく対決せんとする法然の自信のほどがうかがえるのではないか。そうした法然の態度と、貴族社会的性格と易行化の矛盾に苦しみつつ、結局は旧仏教の枠から脱することのできなかった貞慶の立場を対比するとき、この阿弥陀信仰と弥勒上生信仰の対決の帰趨はおのずと明らかであろう。

南都の諸大寺が、弥勒の巨像を刻み、上皇の臨駕を仰ぎ、善美を凝した供養法会を行なったとしても（「興福寺別当次第」前法務大僧正雅縁）、結局は他力を求める民衆から遊離してゆくだけであった。

もとより私は、大屋徳城氏が貞慶の運動をとりあげて、

ただ仏教教学上の一現象として冷やかにとりあつかわれるべき問題にあらず。実に血をもって描かれたるわが祖先の苦闘の歴史（「鎌倉時代の弥勒信仰」『日本仏教史の研究』所収）

と評したのをあえて否定するものではないが、かような鎌倉時代の旧仏教の弥勒上生信仰の運命の中に、かつての院政期民間における自力的上生信仰没落の必然性をふたたびみることができたであろうと思うのである。

2　民衆の中の弥勒信仰

三会のあかつきを待つ人々

旧仏教側の阿弥陀専修批判が、貞慶に代表される弥勒上生信仰の形を借りて行なわれたことはすでにのべたが、では、阿弥陀専修の中心人物法然は、弥勒信仰についてどのように考えていたのであろうか。

法然の代表的著述である「選択本願念仏集《せんちゃくほんがんねんぶつしゅう》」は、「末法万年の後に余行（弥陀念仏以外の行）悉く滅し、特《ひと》り念仏の留まる文」と題し、「無量寿経」下巻の、

当来の世に経道滅尽せんに、われ慈悲をもって哀愍し、ことにこの経を留めて止住すること百歳せん。

という文を、四つの点から解釈しているが、その第三に「兜率と西方極楽の二教の住と滅の前後（二教のどちらが早く滅びどちらが後まで止まるか）」として、両信仰を比較している。

兜率と西方極楽の二教の住と滅の前後という点から解釈してみると、「上生経」「心地観経」など上生兜率の諸経はまず滅びる。それゆえ「無量寿経」に「経道滅尽」と記すのである。これに対し往生西方の経のみは滅びずに留まる。それゆえ「無量寿経」に「止住百歳」と記すのである。まさに知るであろう。天界の兜率はこの世に近いとはいえ、末法の世のわれわれには縁浅く、極楽は十万億土のかなた、この世から遠いとはいえ、末法の世のわれわれにはかえって縁の深いことを。（『昭和新修法然上人全集』三二六頁）

すなわち法然は、末法の世では「上生経」などの滅びたのちも往生極楽を説く経典は滅びずに残るから、末法下の人々にとっては、兜率上生よりも極楽往生が縁深い易行であるとのべているのである。また「良忠上人伝聞の御詞」では、弥勒信者が好んで主張する「玄奘三蔵の旅行記によると西域の人々は多く弥勒信者である」という点について、「三蔵法師は、ただ兜率の行者ばかりを尋ねたので多くの兜率の行者に会い、西方の行者を尋ねなかったので、極楽の行者にめぐり会わなかったのである」(『昭和新修法然上人全集』七六六頁)と語っており、かれは兜率上生信仰にきわめて批判的であった。こうした上生信仰への態度は、鎌倉の二位の禅尼(北条政子)の請によって記したという「浄土宗略抄」に、はっきりあらわれている。

要するに、極楽に往生する以外のことを願ってはいけないのです。わが身でも他人の身でも、現世の果報を祈ったり、あるいは後世(死後)のための祈りとはいえ、極楽以外の浄土に生れようと願ったり、人間界や天上に生れようと願うなど、あれこれに廻向《えこう》(功徳をめぐらすこと)してはいけないというのです。もしこの道理を思いさだめる以前に、現世の利益や極楽以外のあらぬかたへ廻向した功徳があるならば、それはこの際みなとりかえして、ただ一筋に極楽に廻向し、極楽に往生しようと願うべきです。(『昭和新修法然上人全集』五九九頁)

ここでのべられているのは、極楽以外の一切の浄土(その代表は兜率天である)の否定であり、現世利益の否定である。阿弥陀専修の法然の面目はここにもっともよく現われているといえるし、現世の歓楽をつくし極楽兜率の間に往生しようと願う旧仏教・貴族社会仏教が、法然を批判したのも当然であろう。

ところで、法然の著述には、こうした旧仏教の弥勒上生信仰への激しい批判はあるが、弥勒下生信仰への正面からの批判はあまり現われない。当時、弥勒下生信者から法然の門下に転じた出雲路の上人覚愉のような例がある一方（「明義信行集」巻三ノ六）、承久元（一二一九）年ころ成立した「唯信抄」によると、「はるかに慈尊の下生を期して五十六億七千万歳のあかつきの空をのぞむ」弥勒下生信者は多数存在したのである。また鎌倉時代の高野山では、源平争乱の敗北者を中心とする下生信仰が盛んだったという（鶴岡静夫『日本古代仏教史の研究』三一六～三一八頁）。こうした民衆の間の下生信仰を、法然は正面から否定していない。それは、民間布教の途次にあって、下生信仰を一方的に否定できなかったためであろうか。しかし法然の阿弥陀専修の立場からみれば、三会のあかつきを待つ人々も、やはり余行にまどう人々であり、最終的に否定さるべきものであることにはかわりない。それは、法然の師皇円をめぐる、いわゆる桜池《さくらがいけ》伝説からうかがうことができる。

桜池伝説

「源空聖人私日記」（『法然上人伝全集』所収）など法然の伝記によると、比叡山に登った法然は、肥後阿闍梨を師としたという。この肥後阿闍梨とは、確証はないが、阿闍梨皇円のことであろうと思われる（井上光貞『日本浄土教成立史の研究』三〇三頁）。皇円は、天台本覚《ほんがく》思想の代表作である

「枕雙紙《まくらのそうし》」を書いた皇覚の弟子であり、「扶桑略記」の編者として有名である。「扶桑略記」は、この

本でもたびたび引用したが、仏教を中心とした日本通史で、皇円がなみなみならぬ学匠であったことが知られる。

ところで、のちに法然の語るところによると、肥後阿闍梨は宏才博覧で智恵深遠であったが、おのれの劣機を覚り、往生浄土はむずかしいと考え、蛇に身をかえ長命の果報を得て弥勒下生に値遇し得道しようとした。そこで叡山を去って遠江国笠原荘の桜池に入水して、願のごとく大蛇と化したというのである。

この桜池伝説は、法然没後に形成されたらしい点もあって、皇円の行動や、のちにのべる法然の批評など、そのまま信ずることはできない。しかし桜池伝説をはじめて記す「源空聖人私日記」(『法然上人伝全集』七七〇頁)が、法然没後二十年ほどの寛喜二(一二三〇)年あるいは嘉禎三(一二三七)年以前に成立していたとすると(田村円澄、中沢見明の説)、この伝説は、法然当時の民間の信仰の実態や、これに対する浄土門の人々の考え方を、比較的正しく伝えているのではないかと思われるのである。しかも、これとほぼ同じ時代に、このようになんらかの方法で長寿を保って弥勒下生を待とうという説話は、桜池伝説以外にもいくつかみられる。「古事談」(一二一二〜一二一五年ころ成立)によると、後三条天皇の護持僧勝範は、

極楽・兜率に往生するのぞみはともにとげがたい。そこで私は幼年から「法華経」を読誦し、こ

の善因によって長寿鬼となり、慈尊の下生に会いたいと願っている。

と語り、覚空は、

十八の年から両界供養の法（密教の修法）を勤め長寿鬼となって、慈尊の下生に会おうと願っている。

と告げた。叡山西塔の性救が、

極楽・兜率ののぞみはともにとげがたいので、死後、天皇の御廟の眷属となれば救われる日は早いかと思い、この願いをもって年久しく祈っていた。

とか、「明義進行集」によると、のちに法然門下に投じた出雲路の上人覚愉が、はじめ、

毗沙門の眷属となって、後仏（弥勒）の出世を待とう。

と願っていたというのも、これに類する信仰であろう。

もちろん勝範や覚空が実際にこうした信仰をもっていたかどうか明らかでないのは桜池伝説の場合と同様である。しかし法然が没した建暦二（一二一二）年ころ成立した「古事談」にこうした説話が多く収められている点を、「源空聖人私日記」や「明義進行集」と合せて考えてみると、これらの伝説は、個々人について歴史的事実ではなくても、当時の社会の信仰の風潮を正しく反映していると思われる。おそらく、極楽・兜率の往生に絶望した平安末期から鎌倉初期の浄土教家の中には、弥勒下生信仰に活路を求める人が少なくなかったのであろう。

院政期には、叡山の俗化・貴族化に反発する多くの浄土教家たちが、山を離れ民衆の間に入っていった。聖《ひじり》とよばれ、民衆に畏敬された僧の中には、そうしたかつての叡山などの名僧も多かったのである。皇円の場合も、深くおのれの罪業に思いをいたし、貴族社会の浄土教に絶望して離山し、民間に流布していた弥勒下生信仰に最後ののぞみを託したのであろうか。

しかし皇円にしろ勝範らにせよ、それは下生信仰といっても、「今は当来弥勒の三会のあかつき疑わず」といった弥勒本願絶対帰依の純粋な下生信仰とは、いささか異質的である。池に身を投ずるというのは、当時民間の聖・沙弥の間で流行した入水・焼身などの非倫理的捨身往生であるし、あるいは蛇身に化すとか長寿鬼になるとか、民間仏教の伝統ともいうべきシャーマニスティックな色彩が濃厚である。それは、真摯に後世の救いを模索しながらも、諸行往生の貴族浄土教に対する独自の教理体系を創出できずに苦悩する、平安末期の民間浄土教家の姿そのものといえよう。そこでは、阿弥陀仏が真実の救済者として純化されていないため、その空白を埋めるものとして、弥勒下生信仰や地蔵信仰が浄土教家たちの関心をひき、阿弥陀信仰と併存していたのである（一四六～一四七頁参照）。

法然はこの肥後阿闍梨の入水について、

かの阿闍梨は、智恵あるゆえに、生死の世界から離れて浄土に往生しがたいことを知り、道心あるゆえに、弥勒の出世に会うことを祈願されたのである。しかしながら阿闍梨は、いまだ真の浄土の法門を知らなかったために、このような発願をされたのである。もし私がそのとき、罪悪生死の凡夫も弥陀称名念仏によって救われるという浄土の法門をたずねあてていたならば、阿闍梨が信じられるか否かは別として、この浄土の法門をお教えしたものを。（「源空聖人私日記」。「四十八巻伝」「十六門記」もほぼ同内容である）

と語ったというが、ここに法然浄土教と、焼身入水をこととする院政期の聖・沙弥浄土教との相違が、あざやかに描かれている。法然は、院政期民間浄土教家の、名聞を厭い下山して民衆に交わり、真実の道心を求めようとする態度には敬意を表するが、かれらの入水のような行為はどんな悪人でも称名念仏によって救われるという真の浄土信仰に、かれらがいまだ接していなかったために生じた悲劇であり、法然浄土教は、こうした頽廃的行為を克服したところに成立したというのである（ここでは、法然が実際にこのように門弟に話したかどうかは問題でない。伝記を編纂した門弟や信者が法然浄土教と旧来の民間浄土教の相違をこのように理解していたという点が重要である）。

そしてそれはことばをかえると、法然浄土教の成立によって、弥勒下生信仰や地蔵信仰が、未熟な院政期民間浄土教の補填として来世的性格で受容される意味を失う（すくなくも法然浄土教の信者にとっては）ことにほかならぬ。すなわち、そこでは阿弥陀仏は、善根を積み得ぬいかなる悪人をも浄土に導く真実の救済者として純化され、弥勒下生信仰や地蔵信仰が埋めるべき「空白」は、もはや存在しなくなったのである。

「明義進行集」によると、園城寺を去って出雲路に草庵をかまえた上人覚愉は、多くの経典をよみ、遠近に師を求めたが、いかにすれば穢土を離れ浄土に往生できるかを容易に知り得なかった。そのため一時は毗沙門の眷属となって弥勒の出世を待とうと願ったが、以前から法然と交渉があり、称名念仏の肝要を知らされていた覚愉はやがて発心し、弥勒値遇の願いを改めて、「今ハ念仏ヲ申シテ極楽ニ往生セントオモフナリ」と門弟に告げたという。そこにわれわれは、法然浄土教と接触した弥勒下生信者の廻心《えしん》、来世的下生信仰消滅の象徴的な姿をみることができるのではあるまいか。

弥勒等同

こうした法然、さらには親鸞に代表される中世浄土教成立のもとで、阿弥陀信仰の補塡としての来世信仰の役割を失った民間の弥勒下生信仰は、その後どのような運命をたどるであろうか。

ここで下生信仰の性格についてみると、一見未来信仰のこの信仰の中に、実は強い現世信仰への転換の可能性が存在していることを知るのである。すなわち下生信仰では、弥勒の下生にともなってこの地上がそのまま浄土と化すのであるから、もしその弥勒下生を、遠い未来ではなしに現実のものとして理解するならば、未来信仰としての下生信仰は、一転して、「現世の浄土」を実現するもっとも現世的な信仰に変身するであろう。中国や朝鮮で、みずからを弥勒であると称して反乱をくわだてる例の多いことはすでにのべたが、下生信仰の内蔵するこうした二重的性格は、現世の救済を拒否し来世の浄土を求める、わが中世浄土教の民間展開のもとで、どのように変化したであろうか。

ここで興味深いのは、親鸞とその東国門弟の間で論議された弥勒等同《みろくとうどう》の問題である（弥勒等同と東

国の弥勒信仰については、松野純孝『親鸞』にくわしい）。弥勒等同というのは、親鸞が門弟に対し、

弥陀の信心を得た人は、真の仏弟子であり、正定聚《しょうじょうじゅ》（成仏することの定まっている機根）の位に

さだまったと知るべきである。だからこうした人々は弥勒と等しい人《ひと》である。

とのべたことによる。

この弥勒等同は、東国門徒が「信心を得たものは、この世から弥勒と等しいと考えてよいか詳しく教えられたい」と要望し、あるいは「自力」であり、「真言ニカタヨリタリ」と批判するなど、親鸞の真意は別として、東国門徒の間では、真言宗などの説く即身成仏的な思想と同じに理解されていたらしい。これに対し親鸞は、「信心のさだまったものが弥勒と等しいというのは、両者の因位（菩薩としての地位）が等しいという意味である。しかし弥勒の覚りは自力修行であるのに対し、念仏者の覚りは他力であり、そこに大きな相違があるのだ」と説明している。

おそらく親鸞の真意は、信心のさだまったものは仏になることが約束されている点で弥勒菩薩と同じであるということをいいたかったので、「菩薩等同」といいかえてもよい内容であったろう。それが特に弥勒信仰の弥勒を意識した発言とは思えない。しかし当時の東国には、旧仏教の西大寺系真言律宗が進出して弥勒信仰をひろめており、そうした地方の一般門徒にとっては、弥勒等同ということばは、その人間が現世で弥勒菩薩と等しい地位を占め、それにふさわしい待遇を受けるという意味に理解されやすいのであって、事実、高田や笠間では、「自分は弥勒と等しいのである」と公言する門

徒もいたという。こうした東国門徒の理解の仕方は、結果において下生信仰をさらに押し進め、現世的色彩を強化したものといえるであろう。そこでは遠い未来の弥勒下生を待たず、現世で人々は弥勒と等しくなるのであり、それは「現世の浄土」にもつらなるのである。

弥勒等同をめぐる親鸞教団の混乱は、結局は、親鸞浄土教の現世拒否の思想をめぐる動揺でもある。家永三郎氏は、親鸞の宗教の特色が、いわば絶対否定を通じて絶対肯定に還るところにあるとして、つぎのようにのべている。

無限者を抽象的に思惟し、これを憧憬し歓喜するは聖道門行者のみの能くするところ、煩悩にさえられたる凡夫の到底耐え得るところではない。われらは真如の世界について何事をも知らず、ただこの世におけるわれら自身の煩悩について知るのみである。しかして金剛の真心とはとりも直さずこの直接の所与たる自己の煩悩を直視することに外ならぬという一見逆説的なる教こそ親鸞の宗教の核心をなす論理であった。「わがこころのわろきにつけても、弥陀の大悲のちかひこそあはれにめでたくたのもしけれ」という後世物語聞書の一節はその最も簡明なる表現ということができる。このような有限性の積極的定立はまた同時に有限性の否定をも絶対ならしめるのであった。有限世界の絶対否定者たる浄土へ往生せざる限り、この国土における救済は完全に拒否せられた。「涅槃」は「凡地にしてはさとられず、安養にいたりて」はじめて証せられたのである。……その昔、親鸞が法然の門をたたいたのも「後世のたすからんずる上人にあいまいらせん」とするにあったことは、その妻恵信尼の語るとおりであって、後世の救済こそかれの求法の最初よりの目的であったのであるが、かれのいわゆる後世とは中古人（平安時代の人）の考えたごとく現世の時間的連続としての死後の世界というごときものではなく、この穢土と否定的に対立する無限者の世界を意味したのである。帖外和讃に、

超世の悲願ききしより
われらは生死《しようじ》の凡夫かは
有漏《うろ》（迷いの世界、浄土に対する現世）の穢身はかはらねど
こころは浄土にあそぶなり

また正嘉元年十月十日附性信房宛の消息に「真実信心の人は、この身こそあさましき不浄造悪の身なれども、こころはすでに如来とひとしければ云々（弥勒等同がすすんだいわゆる如来等同）」とあるとおり、有限の国土、有限の人身は、なにものの力をもってするも、それ自体において無限化される可能性をもたなかった。彼岸と此岸とは全く隔絶しており、此岸の生命存在は、いかに高めらるるとも、彼岸へ達することは断じてない。此処は此処、彼処は彼処であり、「こころは浄土にあそぶ」といえども、「有漏の穢身」はいかんともすることができなかったのである。それゆえに、浄土はなんらの方法をもってするも現世と連続的に結合せられるものではなく、ただその絶対否定態において求めるのほか途はないのである。古代人がその内において絶大の法悦

を味ったところの彼岸と此岸との即自的合一の夢は、ここに無慚にも粉砕せられなければならなかった。(『日本思想史に於ける否定の論理の発達』九三〜九五頁)

こうした徹底した現世否定の思想(もとよりそれは入水焼身のような単純な現世否定ではなく、絶対否定を通じて弥陀の大悲により絶対肯定の境に至るものだが)は、封建支配体制のもとで現実の生活に苦しむ民衆に、一面で強い不満を与えたであろう。

鎌倉時代の僧無住は、念仏門が彼土往生に重点をおき、現世に無関心であると、真言密教の立場から批判した。かれが「沙石集」で阿弥陀と弥勒を比較し、

因位(菩薩としての位)の弥勒は、果仏(すでに仏となっているもの)の阿弥陀にまさるとはいえない。しかし、弥勒は在家の俗形を改めず、まだ仏となっていないのでかならずしもわれわれの住む欲界の外の浄土を居所とすることはない。……ただ世俗の風儀にまかせて、同類の衆生を利益するのである。……たとえていうと、世間の賢人は、俗世をのがれて山に独り入る。これに対し聖人は、国に仕え俗世の塵に交りながらも、そうした泥によごれるということはない。これに似て、弥陀は賢人のように、穢土を捨てて極楽に住むが、弥勒は聖人のように、われわれのいる欲界の一つ兜率天に住んでおられる。われわれにとって、穢土を捨てたまう弥陀は少しくうとく、欲天に住まわれる弥勒にまことに親しい。……因位の菩薩(弥勒)が衆生を利益することは、果徳の仏(阿弥陀)が衆生を教化するのにまさっているともいえるであろう。

とのべたのは、阿弥陀浄土教の現世拒否に対する弥勒信仰側の批判であり、民衆の不満の一面をついているといえよう。

親鸞の門徒たちが弥勒等同に強い関心を示した動機の根底にあるものは、弥勒等同を皮相的に理解し、その位を得たものが、現世でそれに相応する待遇を与えられることを期待する欲求だったというが（赤松俊秀『鎌倉仏教の研究』一二三頁）、こうした民衆の欲求の高まりの中に、弥勒信仰は、その現世利益面の強調によって、民衆に受け入れられる可能性をみい出したのである。旧仏教側によって試みられた弥勒信仰の現世利益の強調は、もとより民間における上生信仰の頽勢を挽回するには至らなかったが、そうした動きは、民間の下生信仰の現世信仰化となって現われたのである。

ミロクの世

弥勒下生信仰は、ここにおいて、未来の救済から現世の救済へと大きな質的転換をしたと思われる。弥勒等同が阿弥陀信者の間で論じられる一方、民間の弥勒信者の間でも、単に「五十六億七千万歳のあかつきの空をのぞむ」にとどまらず、弥勒下生を、より現実のものとして理解しはじめたのである。

阿弥陀信仰が来世信仰として決定的比重を占めてしまった中世から近世の弥勒信仰の歴史は、下生信仰の現世信仰化・民間信仰化の歴史であったといってよい。死後の極楽往生を求めながら、一方ではその現世拒否にあきたらず、「現世の浄土」であるという「ミロクの世」の出現を願う民衆は、小は日々の生活の中に、大は社会の変革の中に、弥勒の下生を夢みたのであった。こうして、西方弥陀の浄土に押しせばめられて、弥勒の天国はしだいに高く遠のき、その幻はますますかすかになったが、弥勒の信仰は容易に消えず、現世の果報にむすびついた、墓にも寺にも縁のない信仰として、民衆の間に受けつがれたのである（柳田国男「みろくの船」『定本柳田国男集』一）。

宮田登氏によれば、民衆の間には民族信仰としての伝統的メシア思想があり、それに高野聖《こうやひじり》などの廻国行者によって伝えられる弥勒下生信仰・大師入定信仰が混融し、独特の民間ミロク信仰（いままでのべたような仏教信仰としての弥勒信仰に対し、民間信仰の場合は、一般にミロク信仰と表現する）を形成するという（『ミロク信仰の研究』。以下の記述は宮田氏の研究に負うところが多い）。

「ミロクの世になっても借金を返すまいから貸さぬ」などの冗談が、いまも奥能登では用いられるというが、そうした民衆の日常意識の中のミロクの世とは、容易に実現しがたい、しかしまたいつかは地上に出現すると信じられている一種のユートピアであり、それは、凶作の年にミロクが現われ、竹の花を咲かせ実をならせて人々を救い、豊稔の世をもたらすとか、あるいは、だれも働かず、木の枝に実った果実が自然に落ちるのを拾って食べて暮すとかいった内容である。

「鹿島志」は、「常陸鹿島地方の土俗の習慣に、祝ごとのあるときや祈りごとをする日など、老婆らが大勢あつまって、弥勒謡といって、おのおの声をあげて歌い、太鼓を打って踊る。手を振りながら踊る顔は大変おかしく、中昔の風習と思われる」として、

世の中はまんご《万劫》末代

みろくの船がつづいたア
ともへには伊勢と春日
中には鹿島のおやしろ
ありがたや息栖《いきす》おもりは
こがね社壇うてかがやく
うしろにはひよき（清き?）神たち
前には女瓶《めがめ》男瓶《おがめ》ござふね
かんどり（香取）は四十おやしろ
音にきくもたふとや
一たびはまゐりまうして
金《かね》の三合《さごう》もまかうよ
かねさごは及びござらぬ
米《よね》の三合もまかうよ
何事もかなへたまへ
ひだちかしまの神々

という歌を伝えている。また印旛郡の雷公神社の祭日には、その年の新郎新婦が盛装してささげ歌と

いうのを歌うが、その男の方の歌の文句は、

まことやら鹿島みなとへ
弥勒かな、よき
舳艫《ともえ》には伊勢春日
中には鹿島の大やしろ
世の中はいつも正月
男が水汲む、女がいただく
その水を上げ下し見申せば
子持金がなな九つ
二つを宿に置き候
七つで倉を建て候
…………………
天竺の雲のあひから
十三姫がなな米をまく
米まけば只もまけかし
みろく続けと米をまき……

同じく女の方の歌の文句は、

当村のうぶすな神
天にござます神なれば
七難を払ひ申して
村へ米を下すべし
当年何どし、何の歳にて候
世は万作年で候
めでたいな、五穀上りて
浮世の人が喜ぶ
行き候や、かへり候や
うしろへ弥勒がつづいた

といったものであるという（柳田国男「みろくの船」）。

これに類する歌は、なお各地にみられるが、「ミロクの船――それは米を満載した船という――が鹿島の浦に着く。その米を十三小女郎（巫女）がつぎつぎとまき、豊作の年がつづく。そうした世こそミロクの世であり、それが永久であってほしい」というのが、各地のミロク謡・ミロク踊に共通する内容である（宮田前掲書、五七頁）。そこにわれわれは、封建支配下の近世の民衆が、日々の生活の中で求めたミロクの世とはどのようなものであったかを、うかがうことができるであろう。

エエジャナイカ

ところで、こうした日常意識としてのミロクの世がさらに発展したものとして、ミロク下生によって社会の変革を求める意識が生じてくる場合もある。

中央でさだめた公式の年号のほかに、地方の民衆が用いた私年号とよばれるものがあるが、すでに十六世紀、すなわち戦国の動乱期を中心に、弥勒・命禄といったミロク私年号が、関東地方で用いられた（久保常晴『日本私年号の研究』）。もともと年号改元は、一つの変革意識が働くものだが、このミロク私年号には、戦乱に苦しむ民衆の、ミロク到来によって「この世の浄土」というべき平和で豊かな理想境を実現したいという、はかない願望が秘められていたのであろうか。

やがて徳川幕藩体制が確立すると、その封建支配の底辺の民衆の間には、凶作・飢饉の中で、豊熟な世＝ミロクの世を求める意識が、いわゆる「世直し」へと発展する。そうした民衆の「世直し」観が、もっとも大規模に高潮したのが、幕末のエエジャナイカであったといえよう。

慶応三（一八六七）年九月から十二月にかけて、京阪を中心に、西は四国、東は東海道におよぶひろい範囲のあちこちに神仏がふる——御札《ふだ》・御守・白羽の矢・金銀・米穀がふる——という神異奇瑞がみられた。それまで世直し一揆によって幕藩体制を下からつき崩そうとしていた民衆は、この神仏の降臨こそ「世直し」の実現であると感じた。男は女装、女は男装し、異様な風態で「エエジャナイカ、エエジャナイカ」とくりかえす熱狂的な踊りが各地でくりひろげられ、民衆は、神仏が降臨した家にあがりこみ、ただ食いただ飲みをして「世直し」実現による解放感を謳歌したのであった。

このエエジャナイカは、倒幕派の利用するところとなり、社会混乱を助長して幕府の倒壊を早めるとともに、倒幕運動の本質を民衆の目から隠蔽する役割を果したというが、このように民衆をエエジャナイカの形で乱舞させたものは、なんであったろうか。

普通エエジャナイカは、伊勢神宮信仰に支えられたおかげ参りの特殊化したものとして説明されているが、近年、和歌森太郎氏は、これを世直し神としての弥勒下生の信仰とむすびつけて説明している（「近世弥勒信仰の一面」『史潮』四八）。空からふった神仏は伊勢大神に限らずきわめて雑多だが、その中には釈迦と弥勒が降りたと伝える村もあり、

神は出雲を本として
六十余州の神仏が
人間世界を一列に
照らせ給ふ恵にて
諸神諸仏の御降りが
日本国中いちじるし
弥勒ぼとけの御威光で

五穀成就ありがたい

という歌が、このさわぎで歌われたという。それは、凶作飢饉に苦しむ民衆にとってエエジャナイカが五穀成就の豊作の世＝夢にえがいたミロクの世の実現として意識されていたことを示すのである。

慶応二年六月、福島県信夫《しのぶ》郡と伊達郡を中心におこった世直し一揆として有名な信達一揆の際にも、饗応にあずかった一揆の人々は、「呑物・食物は勿論、着物迄も不足なく、誠にミロクの世也けり」（岩波『日本思想体系』民衆運動の思想、二七六頁）と謳歌したというが、明白な未来像をつかむことができなかった幕末の民衆は、「世直し」によって実現する社会を、ただ飲みただ食いの「ミロクの世」という幻想の世界（それは民衆のいう「神代《かみよ》」の観念とほとんど同じである）で理解していたのであった（石井孝『学説批判明治維新』二四八頁）。

中国で、弥勒下生を呼号する民衆反乱がしばしばおこったことはすでにのべたが、幕末の世直し一揆やエエジャナイカは、一面において、こうした反乱と通ずるものを有していたといえよう。

幻のユートピア

民衆がエエジャナイカの狂乱に酔いしれる間に、王政復古の大号令は発せられ幕府は倒壊した。狂乱からさめた民衆の前には、あらたな天皇制国家が聳立していた。江戸時代の民俗的ミロク信仰を代表する富士講の一部は、明治政府の神道国教化のもとで神道扶桑教となり、「明治維新に神政復古したるは身禄《みろく》世界の出現にして、ここに身禄教法の原義を発明し、これを公宣する第一世太教主こそ身禄身なり」と、信者の憧憬するミロクの世を、観念的に明治維新にすりかえて民衆に押しつけた（宮田登『ミロク信仰の研究』一九〇頁）。

しかし明治維新は、はたして民衆の夢みたミロクの世の実現であったのか。年貢免除を要求し、徴兵・学制・地租改正に反対する農民一揆は各地に頻発し、ついで自由民権運動の火の手もあがった。これに対する政府の態度は、岩倉具視のことばをもってすれば、「海陸軍及警視ノ勢威ヲ左右ニ提ゲ、凛然トシテ下ニ臨ミ、民心ヲシテ戦慄スル所アラシムベシ」というものであった。

いまや時代は全く変革せられたりと称すれども、要するにそは外観のみ。一度《ひとたび》合理の眼《まなこ》をもってその外皮を看破せば、武断政治の精神は、毫も百年以前と異なることなし。（永井荷風『江戸芸術論』）

と、西欧合理主義・自由主義の洗礼を受けた帰朝者は、欽定憲法下の近代国家日本の本質を痛罵したが、こうした体制下で、近代思想と疎遠の民衆の間に、容易に実現しないがしかしいつかはこの地上に現われるというミロクの世への憧憬が、形をかえながらつづき、あるいは、大本教・霊友会・ミロク教など、「ミロクの世」を説く新興宗教が生れたのも当然であった。

ミロクの世には、だれも働かず、木の枝になる果実の自然に落ちるのを拾って食べて暮すという一見ユーモラスな民間伝承の中に、生活に追われる貧しい民衆の素朴な願いがこめられているのである。もとよりそうしたミロクの世は、はるかな幻である。現実に農民にとっては、五穀成就の豊作の年がミロクの世であり、田植歌・草取歌・豊年節などで、「今年の世中は巳六《みろく》の世中」「今年豊年弥勒の世の中」と歌われる。東北・中部地方の農家では、小正月にマユダマを小枝にさして飾り、まるでミロクの世のようだという（宮田前掲書、四〇～四二頁）。

ごく最近の信仰の実例をあげれば、昭和四十年にはじまる松代地震で、長野県高井郡湯田中町を中心にミロク信仰が流行した。この地方では、半身地中に埋った大治五（一一三〇）年銘の弥勒像の霊験により、地震の被害は少ない。さらに古老の話しによると、この弥勒像が毎年少しずつ伸びて、やがてはるか未来に地中から全身を現わすとき、この世は終り、新しい世が訪れるという（宮田前掲書、二三八頁）。

西方弥陀の浄土に押しせばめられて、弥勒の天国はしだいに高く遠のき、いまやそこに往生を願う人は絶えてまれとなったが、いつの日かこの地上に訪れるであろう幻のユートピア、ミロクの世への期待は、いまなお民衆の心の奥底に、その姿をかえながら、かすかに、しかし連綿と、生きつづけているのである。

主要参考文献（発表順）

著　書

松本文三郎『弥勒浄土論』明治四十四年、丙午出版社

橋川　正『日本仏教文化史之研究』大正十三年、中外出版社

大屋徳城『日本仏教史の研究』一、初版昭和三年、再版二十六年、法蔵館

山田文昭『日本仏教史之研究』昭和九年、破塵閣書房

大屋徳城『寧楽仏教史論』昭和十二年、平楽寺書店

家永三郎『日本思想史に於ける否定の論理の発達』初版昭和十五年、弘文堂書房（新訂版昭和四十四年、新泉社）

同　『上代仏教思想史研究』初版昭和十七年、畝傍書房（新訂版昭和四十一年、法蔵館）

塚本善隆『支那仏教史研究』北魏編、昭和十七年、弘文堂書房

辻善之助『日本仏教史』上世編、昭和十九年、岩波書店

家永三郎『中世仏教思想史研究』昭和二十二年、法蔵館

硲　慈弘『日本仏教の開展とその基調』上、昭和二十三年、三省堂

井上光貞『日本浄土教成立史の研究』昭和三十一年、山川出版社

赤松俊秀『鎌倉仏教の研究』正・続、昭和三十二年・四十一年、平楽寺書店
松野純孝『親鸞』昭和三十四年、三省堂
平岡定海『東大寺宗性上人之研究並史料』上・中・下（特に下巻所収の「日本弥勒浄土思想展開史の研究」）昭和三十五年、日本学術振興会
柳田国男『海上の道』（特に「みろくの船」「根の国の話」、後に『定本柳田国男集』一に収む）昭和三十六年、筑摩書房
鶴岡静夫『日本古代仏教史の研究』昭和三十七年、文雅堂書店
重松明久『日本浄土教成立過程の研究』昭和三十九年、平楽寺書店
宮田　登『ミロク信仰の研究』昭和四十五年、未来社

論　文

前田慧雲「兜率往生思想発生時代考」（『史学雑誌』十三編一号）
重松俊章「唐宋時代の弥勒教匪」（『史淵』三号）
喜田貞吉「弘法大師の入定説に就いて」（『史林』五巻二号）
八百谷孝保「新羅社会と浄土教」（『史潮』七編四号）
和歌森太郎「近世弥勒信仰の一面」（『史潮』四十八号）
舟ヶ崎正孝「弥勒信仰の展開」（同前）
伊野部重一郎「弥勒信仰について」㈠㈡（『高知大学学術研究報告』二巻二号、三巻二十五号）

鶴岡静夫「日本に於ける弥勒下生信仰について」（『宗教研究』一四四号）
山崎慶輝「南都仏教における弥勒信仰の意義」（『竜谷大学論集』三五三号）
速水　侑「日本古代社会における弥勒信仰の展開」（『南都仏教』十六号）

『弥勒信仰』を読む

小原　仁

弥勒菩薩は現在兜率天《とそつてん》という世界にいて修行と説法を続けているが、釈迦没後五六億七千万年の後、我々の住む閻浮提《えんぶだい》に下生《げしょう》して竜華樹《りゅうげじゅ》の下で三度にわたり説法を行うという（竜華三会《りゅうげさんね》）。釈迦没後の末法下に生きる我々は、弥勒を信じて竜華三会の暁に会い親しく弥勒の説法に接し（三会値遇《さんねちぐ》）、その救済に預かりたいものだが、もとより人間の寿命は短いから、まずは死後、兜率《とそつ》天に生まれ（兜率上生《じょうしょう》）、そこで弥勒下生の時まで過ごし、その時が来れば弥勒とともにこの世に降り説法の場に参じたいものだ。

この宇宙的で壮大なドラマが弥勒信仰の基本形であり、その主役が弥勒菩薩である。これが中国や朝鮮を経てわが国の仏教史の最初期に当たる飛鳥時代には確かな足跡を残している。異論もあるが中宮寺の（実は弥勒菩薩とされる）半跏思惟像や広隆寺の弥勒菩薩像など、その柔和にして崇高な表情は見る者の気持ちを和ませ、信心のほのかな灯を感じさせる飛鳥仏の傑作とされてきた。

しかし弥勒信仰史の軌跡をたどると飛鳥仏から受ける印象には止まらない多様な相貌を見せている。古代から中世に及ぶその概略は本書の小見出しまで記す詳細な目次を一覧するだけでも推測され、それがまた通読の予備知識になり最終頁まで読者を誘ってくれる力にもなっている。なかなか行き届いた配慮だと思う。

さて、再読に値する良書としてシリーズ「読みなおす日本史」に採択された速水侑氏（一九三六〜二〇一五）の著書としては、すでに二〇一八年の『観音・地蔵・不動』（初版、講談社、一九九六）があり、『弥勒信仰』（初版、評論社、一九七一）はその二冊目になる。この二書だけでも弥勒菩薩・観音菩薩・地蔵菩薩・不動明王と菩薩・明王の四尊が勢揃いしているが、速水氏には菩薩名を冠した単著として他に『観音信仰』（塙書房、一九七〇）と『地蔵信仰』（塙書房、一九七五）がある。不動明王に関する単著はないが、その一部は平安貴族社会における秘密修法の展開を論述しこの分野の研究に一石を投じた『平安貴族社会と仏教』（吉川弘文館、一九七五）の中に融けこんでいる。また観音・弥勒・地蔵・文殊・普賢・日光・月光等二十を越える菩薩の由来や役割、そのわが国における信仰の歴史を解説した『菩薩』（初版、東京美術、一九八二。再版、講談社、二〇一九）もある。

速水氏の著書を通観して書名に「菩薩」と「信仰」を冠したものの多いことが印象的だが、それは何か特別な理由によるのだろうか。この点について明確に説明していると思われるのが上掲の『観音・地蔵・不動』の巻頭の一文（「はじめに」）である。そこには「日本人が特に親しみを感じ、守り本尊などにしたのは、過去に悟りを完成して浄土に住む釈迦・阿弥陀・大日といった仏よりも、人びとの間にまじわり、現世から来世まで多様な願いに直接応えてくれる、菩薩や明王であった」とある。だから日本人の信仰を明らかにしようとすれば、尊格としては仏よりも下位の菩薩や明王に注目する必要がある、というわけである。それではなぜ最高位の仏ではないこれらの菩薩や明王が、日本人の願いにもっともよく応えることができたのかと速水氏は自問し、「その理由を明らかにする過程で、日本人の信仰の実態がみえてくるかもしれない」と自答する。語尾は控えめだが日本人の信仰の実態を明らかにするためには、是非とも菩薩信仰や明王信仰にこそ注目し、その理由を明らかにすべきなのだ、と暗に強い意思を示していると解すべきであろう。日本人の信仰に深く関わったのは菩薩や明王たちで、その理由や様態を詳しく究明することが肝要なのだ。

以上の理由とは楯の両面の関係というべきか、『弥勒信仰』冒頭（「はしがき」）の次のような趣旨の一文が注目される。すなわち、わが国の浄土教研究では阿弥陀信仰史の研究が盛んなのに比較して、それとしばしば対比される弥勒信仰に関する研究はまことに寥寥《りょうりょう》たるものである、これでは日本浄土教史の全体像を正しく理解することはできまい。浄土教といえば阿弥陀如来の極楽浄土に往生しようとする信仰のみを指す現状を批判して、阿弥陀信仰に偏重した研究史に対し強く警鐘を鳴らしている。氏の研究論文や著書に観音・地蔵・文殊・普賢・不動といった菩薩や明王の名称が冠されるもう一つの理由として、研究史における阿弥陀信仰偏重に対する批判もあったのである。

ただこのような速水氏の研究に対してはその手法に関わる鋭い論評もあった。速水氏の『観音信仰』『弥勒信仰』『地蔵信仰』などは井上光貞『日本浄土教成立史の研究』（山川出版社、一九五六）の図式を阿弥陀信仰以外の諸信仰に対象を替えて論述したものであるとの指摘である。たしかに同書には以後の日本浄土教史研究を領導した実績があり、速水氏もその影響を受けた一人であった。さらに北海道大学の助手であった速水氏は一九六五年四月から翌年三月までの一年間、東京大学文学部に国内留学の機会を得、そこで井上光貞氏の研究に直に接している。こうした経緯も相俟ってか上のような批評もなされたのであろう。しかし速水氏は井上浄土教の単なる焼き直しとも言わんばかりの論評をただ甘受してはいない。速水氏の菩薩研究に一貫しているのは、「釈迦・阿弥陀・大日といった仏よりも、人びとの間にまじわり、現世から来世まで多様な願いに直接応えてくれる、菩薩（や明王）」と、それらに対する人々の「信仰」に焦点を絞りこんでいくことにより、これまでの研究には見られなかった思いもかけない事実の発見や発想の転換に至ることも期待できる、だから単なる井上浄土教の鋳型にはめた菩薩研究の個別事例を増やすことにはならないとの揺るぎない研究姿勢である。

人々の信仰に焦点を絞り日本浄土教史を突き詰めていくとき、そこに仏と菩薩の平和共存という不可思議な実態も見えてくることもある。よく知られた事実だが何となく黙認されてきた源信《げんしん》と慶滋《よししげの》保胤《やすたね》の阿弥陀と弥勒の併信共修の事実がその好例である。

恵心僧都《えしんそうず》源信は『往生要集《おうじょうようしゅう》』大文第三「極楽の証拠」で極楽浄土が兜率に対して優れている証拠を挙げながら、他方、阿弥陀に固執するあまり弥勒信仰をそしるのはよくないとも言っている。これは無用の対立や混乱に配慮した周到な文言にすぎないともとれるが、一方で源信が慶滋保胤と共に弥勒菩薩に値遇する業を修していたとの村上天皇皇子具平《ともひら》親王の証言も残っているから、決して仮初《かりそめ》のことばではなかったことが知られる（「贈心公古調詩」『本朝麗藻』下）。つまり『往生要集』の著者源信も『日本往生極楽記』の編者保胤も熱心な阿弥陀信仰を持していたにもかかわらず、現実にはそれと矛盾しかねない阿弥陀と弥勒の両信仰を併修していたのである。だから阿弥陀と弥勒、仏と菩薩、極楽と兜率等といった尊格や教義上の差異優劣と実際の信仰における同居という、教義と信仰の微妙な関係を軽視すべきではない、むしろそうした中にこそ見るべき真実が潜んでいるのではないか。阿弥陀偏重の研究は複雑で豊かな信仰の一部を見逃す恐れがある。理論と実践が食い違うことを、不可思議の異常として放置または安易に非難するのではなく、それが事実であり実態であると認めることを前提にその理由を追及するのが肝要との姿勢である。反論無用の正当な提言というべきだ。

本書の範囲を越えるが、「信仰」を視点に据えた研究成果としてもう一つ。平安貴族社会を風靡した浄土教の来世信仰と密教の現世利益、この相反する価値観を標榜する二つの信仰を共存させた論理はどのようなものか。速水氏は、平安貴族社会の実際の信仰を考える上で、浄土教や密教の純粋な教義に立脚した本質論や対比がはたしてどれだけ絶対的かとその有効性を疑い、そこに現当二世の御利益を期待する「個人的信仰」を介在させ、浄土教と密教はそうした共通の基盤に形成されたものと結論する。『平安貴族社会と仏教』（第二章　貴族社会と浄土教、第二節　光明真言と平安浄土教）に展開される議論だが『弥勒信仰』とほぼ同時期の著述である。両書に共通する研究視角とその成果と言えよう。

さて、これまで「菩薩名」と「信仰」をキーワードとして述べてきたが、最後に速水氏の著書に共通する叙述のスタイルについても触れておこう。速水氏は「純粋な教義に立脚した本質論や対比」の限界を指摘したと記したが、もちろん氏が教義そのものを軽視しているのではなくむしろその逆である。『弥勒信仰』をはじめとして速水氏の多くの著述は、まず当該尊格やその信仰に関する基礎知識として、その仏菩薩がどのような仏であり菩薩なのか、これをその関係経典に基づく教義の説明を通して紹介される。信仰レベルにおいては必ずしも必要不可欠ではないにしろ、基本中の基本はしっかり押さえておこうという著者の配慮である。難解な仏典の解読と内容の把握は専門知識なくしては果たし難い。これを熟知している著者なればこその懇切と丁寧であろう。

仏典に基づく基礎知識の説明が一段落すると、次いで古代から中世へと順を追って信仰の歴史が論述される。論点の提示と明快な論旨、そして関係する先行研究書や論文も過不足なくあげられ、研究を志す者にとってすぐに役立ち、かつ高レベルの入門書の役割も果たしている。こうした叙述スタイルは氏の研究歴のごく初期から見られる。ちなみに本書の巻末にあげられた主要参考文献のうち、著者の論文「日本古代社会における弥勒信仰の展開」は『南都仏教』十六号（一九六五）に掲載されたものだが、これ以前「律令社会における弥勒信仰の受容」が同誌十号（一九六一）に掲載されている。同年、速水氏は北海道大学文学部の修士課程を修了し修士論文「日本古代弥勒信仰史の研究」を提出しているから、『南都仏教』十号の論文はこれがもとになり、その後四年の研究が同誌十六号に結実し、さらに一九七一年、本書が誕生したという流れになる。研究と公表のプロセスがわかり、速水氏の研究と叙述のスタイルが最初期から出揃い、以後一貫していることも知られて興味深い。

以上、速水氏の『弥勒信仰』を通して氏の菩薩研究の特徴や意義について考えてみて、初版から半世紀を越えてなお、読みなおすべき日本史とするにふさわしい一書であるとあらためて感じている。

（聖心女子大学名誉教授）

本書の原本は、一九七一年に評論社より刊行されました。

著者略歴
一九三六年　北海道に生まれる
一九六四年　北海道大学大学院文学研究科国史学専攻単位取得退学
北海道大学助手、東海大学助教授・教授を歴任
二〇〇六年　東海大学を定年退職、名誉教授
二〇一五年　没

〔主要著書〕
『平安貴族社会と仏教』（吉川弘文館、一九七五年）、『源信』（吉川弘文館、一九八八年）、『観音・地蔵・不動』（講談社、一九九六年、吉川弘文館〈読みなおす日本史〉、二〇一八年）、『地獄と極楽』（吉川弘文館、一九九八年）、『平安仏教と末法思想』（吉川弘文館、二〇〇六年）

読みなおす
日本史

弥勒信仰
もう一つの浄土信仰

二〇二三年（令和五）九月一日　第一刷発行

著　者　速《はや》水《み》侑《たすく》
発行者　吉川道郎
発行所　株式会社　吉川弘文館
郵便番号一一三―〇〇三三
東京都文京区本郷七丁目二番八号
電話〇三―三八一三―九一五一〈代表〉
振替口座〇〇一〇〇―五―二四四
http://www.yoshikawa-k.co.jp/
組版＝株式会社キャップス
印刷＝藤原印刷株式会社
製本＝ナショナル製本協同組合
装幀＝渡邉雄哉

ISBN978-4-642-07528-2

読みなおす日本史

刊行のことば

現代社会では、膨大な数の新刊図書が日々書店に並んでいます。昨今の電子書籍を含めますと、一人の読者が書名すら目にすることができないほどとなっています。ましてや、数年以前に刊行された本は書店の店頭に並ぶことも少なく、良書でありながらめぐり会うことのできない例は、日常的なことになっています。

人文書、とりわけ小社が専門とする歴史書におきましても、広く学界共通の財産として参照されるべきものとなっているにもかかわらず、その多くが現在では市場に出回らず入手、講読に時間と手間がかかるようになってしまっています。歴史の面白さを伝える図書を、読者の手元に届けることができないことは、歴史書出版の一翼を担う小社としても遺憾とするところです。

そこで、良書の発掘を通して、読者と図書をめぐる豊かな関係に寄与すべく、シリーズ「読みなおす日本史」を刊行いたします。本シリーズは、既刊の日本史関係書のなかから、研究の進展に今も寄与し続けているとともに、現在も広く読者に訴える力を有している良書を精選し順次定期的に刊行するものです。これらの知の文化遺産が、ゆるぎない視点からことの本質を説き続ける、確かな水先案内として迎えられることを切に願ってやみません。

二〇一二年四月

吉川弘文館

読みなおす日本史

石の考古学　奥田　尚著　二二〇〇円
江戸武士の日常生活 素顔・行動・精神　柴田　純著　二四〇〇円
秀吉の接待 毛利輝元上洛日記を読み解く　二木謙一著　二四〇〇円
中世動乱期に生きる 一揆・商人・侍・大名　永原慶二著　二二〇〇円
弥勒信仰 もう一つの浄土信仰　速水　侑著　二二〇〇円
親　鸞 煩悩具足のほとけ　笠原一男著　（続　刊）
道と駅　木下　良著　（続　刊）
道　元 坐禅ひとすじの沙門　今枝愛真著　（続　刊）
江戸庶民の四季　西山松之助著　（続　刊）

吉川弘文館
（価格は税別）